Nathan Díaz nos entrega una excelente reflexión en su obra *Hijos de consolación*. La vida y el ministerio de Bernabé son bastante breves, pero están llenos de enseñanzas fundamentales. Nathan no se centra simplemente en la biografía de un cristiano excepcional, sino que ha sabido mostrarnos cómo Bernabé es el resultado de la salvación por Jesucristo, de la obra del Espíritu Santo, de la vida saludable de la iglesia y de las decisiones ministeriales y personales que lo moldearon para llegar a ser reconocido como el Hijo de Consolación. Una obra ágil, pastoral y con muchas aplicaciones prácticas.

Dr. Pepe Mendoza, profesor de Southern Baptist Theological Seminary e Instituto Integridad & Sabiduría. Autor y editor de libros y materiales cristianos

Me dio muchísimo gozo saber de este nuevo libro de mi amigo Nathan Díaz. Yo soy uno de esos admiradores del apóstol Bernabé y considero que este libro empieza a hacerle justicia a uno de los grandes héroes del Nuevo Testamento. Necesitamos más hombres (y mujeres) buenos y llenos del Espíritu Santo como Bernabé para que sean esos alentadores y consoladores que tanto necesita la iglesia de hoy. Espero que este libro sea ampliamente leído y nos motive a todos a aprender e imitar al buen Bernabé.

Carlos Contreras, pastor de Gracia Soberana, Ciudad Juárez

A través de un estudio práctico de la vida de Bernabé, este libro te ayudará a apreciar la vida en comunidad que los creyentes vivimos en la iglesia. Fácil de entender, práctico y profundamente bíblico, no puedo esperar a que este recurso llegue a las manos de muchas personas más.

Josué Ortiz, pastor de Gracia Abundante, Ciudad de México, y autor de *El Rey y su reino*

¡Qué belleza de libro! Lo que Nathan Díaz logra de manera excelente en este libro es llevarnos a alabar a Dios por Su maravillosa idea de la iglesia para mostrar el corazón de Jesús. Nathan nos recuerda que tenemos libertad como hijos de Dios y que la unidad que Dios nos ha provisto por medio de Su Hijo nos hace lámparas encendidas que buscan amar a otros y reflejar a Cristo en la consolación que Él nos ha dado. *Hijos de consolación* es un libro que seguramente disfrutarás.

Karla de Fernández, autora de *El temor y nuestra sed de aprobación* y directora de las Iniciativas Femeninas de Volvamos al Evangelio

En este libro Nathan Díaz profundiza en una importante necesidad en la iglesia cristiana: la consolación. Al examinar la vida de Bernabé, un personaje frecuentemente pasado por alto, Nathan nos recuerda que Dios nos ha llamado al amor por medio de la sabia y prudente exhortación y ánimo. Mi oración es que las enseñanzas de este libro causen un impacto profundo en los lectores, con resultados duraderos en la iglesia de Cristo.

Dr. Emanuel Elizondo, editor en jefe, Biblias Holman

HIJOS DE CONSOLACIÓN

Lo que el ministerio de Bernabé nos enseña sobre el liderazgo y la vida cristiana

NATHAN DÍAZ

Hijos de consolación: Lo que el ministerio de Bernabé nos enseña sobre el liderazgo y la vida cristiana

B&H Publishing Group
Brentwood TN, 37027

Diseño de portada e ilustración: Darren Welch Design

Clasificación decimal Dewey: 248.84
Clasifíquese: VIDA CRISTIANA \ CONSOLACIÓN \ SERVICIO CRISTIANO

ISBN: 979-8-3845-0155-8

Impreso en EE. UU.
1 2 3 4 5 * 28 27 26 25

Dedicado a mi esposa Cristin,
la mujer que Dios puso en mi vida para animarme constantemente y para servirle mejor.
Una verdadera hija de consolación.

Índice

Prólogo

Vivimos en un mundo de críticas constantes. El ambiente de las redes sociales se nutre de comentarios cortos y provocativos, opiniones directas y tajantes. Ese ambiente alimenta la cultura posmodernista, donde todos pensamos que nuestras opiniones son válidas, sin importar su veracidad. Pareciera que quien gana un argumento no es quien tiene la verdad sino quien hace más ruido y usa palabras más astutas.

Debido a este ecosistema social, necesitamos más *Bernabés* en la iglesia del Señor actual. Estoy agradecido por un libro que dirige nuestra atención a este importante personaje bíblico que modela una virtud olvidada. Bernabé es llamado «hijo de la consolación» o «del ánimo».

Esta virtud de tener la conciencia para consolar a otros es algo que solo nace del trabajo del evangelio en nuestras vidas. Solamente alguien consciente del evangelio puede sacar de su tiempo para consolar o animar al que está en necesidad. Nuestra naturaleza humana desea que otros nos ayuden, pero quien es humilde por el trabajo del evangelio en él tendrá ojos para ver cómo puede consolar a otros que necesitan ánimo.

En estos días he estado meditando mucho en 1 Tesalonicenses 5:14:

> *Les exhortamos, hermanos, a que amonesten a los indisciplinados, animen a los desalentados, sostengan a los débiles y sean pacientes con todos.*

Creo que un *Bernabé* aplica este texto al momento de comunicarse con otros. El *Bernabé* toma tiempo para ver cuál es el estado de la persona con la que va a interactuar, para ayudarla correctamente. El *Bernabé* puede discernir quién está débil y lo tratará con cuidado, para sostenerlo en el momento en que las rodillas le tiemblan. El *Bernabé* es paciente porque Cristo ha sido paciente con él.

Nathan me pidió que escribiera este prólogo cerca de cinco meses después de sufrir un derrame cerebral que tuvo efectos serios en mi capacidad cognitiva. Por la gracia del Señor, estoy cada día más fuerte, y los doctores piensan que tendré una recuperación satisfactoria. Pero en estos cinco meses, algo que ha sido de inmenso ánimo han sido los *Bernabés* que me han rodeado. Personas que han tomado el tiempo para compartir aliento y animarme en momentos de necesidad. No hubiera podido llegar a este punto sin *Bernabés* a mi lado.

Espero que esta obra de mi amigo Nathan te ayude a vivir una vida que refleje el don de consolar. No solo imitando a Bernabé sino, más importante aún, reflejando el consuelo que Dios nos da por medio del Espíritu, quien nos señala la obra redentora de Cristo.

Joselo Mercado
Pastor principal de Gracia Soberana en Maryland
y autor de *La conciencia cristiana* y *Sabiduría y poder*

Introducción

¿Por qué escribir un libro que usa la vida de un ser humano falible, débil y pecaminoso como ejemplo de lo que Dios quiere para nosotros casi 2000 años después?

Desde agosto de 2016 hasta abril de 2018 me dediqué a estudiar y predicar el libro de Hechos en la iglesia donde tengo el privilegio de servir como pastor, la Iglesia Evangélica Cuajimalpa. En los 55 sermones que me tomó exponer todo el libro fue muy evidente que, en la primera mitad del libro, Lucas —el autor del libro de Hechos— quiere que veamos el gran impacto que tuvo Bernabé en la iglesia primitiva, en particular en la vida del apóstol Pablo.

Algo que vemos de Bernabé es que fue un hombre conforme al corazón de Dios. Cuando escuchamos esta descripción, inmediatamente pensamos en el rey David. Pero como con cualquier personaje falible de la Biblia, cometemos un error al poner nuestro énfasis en ese personaje en lugar de ponerlo en el Dios que decidió usarlo para Su gloria.

¿Cuántas veces hemos escuchado: *el hombre conforme al corazón de Dios cometió adulterio y asesinato, ¿¡cómo puede ser!?* Pero como explica John Woodhouse:

> «Un hombre conforme al corazón de Dios» ha sido tomado en el lenguaje popular cristiano como un hombre particularmente piadoso, un hombre con un corazón como el de Dios. Pero no creo que esas palabras puedan significar eso. «Un hombre conforme al corazón de Dios» significa un hombre que Dios mismo ha escogido, un hombre

> sobre el cual Dios ha puesto Su corazón. «Un hombre conforme al corazón de Dios» está —si podemos ponerlo así— hablando sobre el lugar que un hombre tiene en el corazón de Dios en lugar del sitio que Dios tiene en el corazón del hombre. (Pág. 287)

Las declaraciones de 1 Samuel 13:14 y 16:7 son sobre los propósitos soberanos de gracia y no sobre las cualidades inherentes de un hombre. Podemos notar lo que David mismo dice en 2 Samuel 7:21:

> A causa de Tu palabra, conforme a Tu propio corazón, Tú has hecho toda esta grandeza, para que lo sepa Tu siervo (2 S. 7:21).

La expresión «conforme a Tu propio corazón» es la misma expresión de 1 Samuel 13:14. David tenía un lugar especial en el corazón de Dios (en Sus propósitos) y eso es lo que lo diferenciaba de Saúl. Por lo tanto, la descripción del rey David como «un hombre conforme al corazón de Dios» no es única de David sino también es una descripción de todos los que Dios quiere usar para Su reino mediante Su elección particular soberana (Ef. 1:11-12).

Bernabé: un hombre usado por Dios

En Hechos 11:24 Bernabé es descrito como «un hombre bueno, y lleno del Espíritu Santo y de fe». Aunque Bernabé era solo un hombre, fue usado poderosamente por Dios para ejemplificar la vida de servicio y humildad que viene como resultado de la obra del Espíritu Santo en nuestras vidas. Cuando Lucas dice que era «un hombre bueno», no se refiere a su inherente naturaleza humana como buena. Se refiere al poder del Espíritu que hace una obra buena en nosotros y que se refleja en fruto para el reino de Dios.

Las historias que presenta Hechos sobre Bernabé son breves, pero de mucho impacto e influencia en las vidas de otros. Como veremos en los capítulos de este libro, Bernabé forjó e influenció la etapa inicial del ministerio de Pablo y, por lo tanto, aunque Bernabé no escribió ninguna carta del Nuevo Testamento (aunque algunos piensan que podría ser el autor de Hebreos), tuvo un impacto sutil y poderoso en la vida y la teología de Pablo.

Un análisis detallado

Cada una de las cuatro secciones de este libro comenzará con un análisis detallado de una historia de Bernabé en Hechos. Estos estudios vienen directamente de los sermones que prediqué. Quiero que veamos el contexto completo de la manera en que Bernabé fue usado por Dios en el libro de Hechos. Espero que los bosquejos y el desarrollo del texto sirvan para profundizar en todas las implicaciones de estas historias. Después de cada estudio vamos a desarrollar un resumen y algunas conclusiones adicionales de cómo se vería el ministerio de Bernabé en la iglesia de hoy. En las conclusiones a lo largo de este libro notaremos mucho sobre Pablo y lo que enseñaba y creía. Desarrollaremos pasajes de cartas escritas por el apóstol, las cuales nos muestran el fundamento teológico que es parte del fruto de haber tenido a Bernabé en su vida.

Bernabé: un ejemplo para la iglesia

Pablo y Bernabé eran muy distintos en sus personalidades. Tenían maneras diferentes de servir y dones y talentos únicos para el ministerio. Pero creo que, muy sutilmente como es característico de su propia personalidad, Bernabé es puesto como un ejemplo del tipo de personas que son necesarias en la iglesia. Y son necesarias de una forma que contrasta y complementa a las personas que son como Pablo. Muchos queremos ser como Pablo, y con justa razón. Conocemos mucho de su enseñanza y de su vida. Fue un hombre utilizado poderosamente por Dios para avanzar el mensaje del evangelio entre los gentiles. Escribió la mayoría de los libros del Nuevo Testamento. Pablo es un ejemplo a seguir para todo cristiano, porque él es imitador de Cristo (1 Co. 11:1).

Pero ¿qué hay de Bernabé? En realidad no notamos mucho a Bernabé, y tal vez eso sea porque Dios lo llamó a tener un ministerio completamente diferente. No lo llamó a escribir cartas del Nuevo Testamento. No lo convocó para llevar el liderazgo principal de las iglesias ni para predicar sermones que quedaran registrados en el libro de los Hechos. Bernabé probablemente era tímido e introvertido comparado con Pablo y con otros apóstoles.

Dios llamó a Bernabé a ser «hijo de consolación» (Hch. 4:36). Ese es el apodo que recibió en la primera iglesia. Su nombre, en realidad, no era Bernabé. Era José. Bernabé era un apodo que describía su personalidad. En México nos encantan los apodos. A mí me decían «el tomate» cuando estaba en la escuela secundaria, porque por cualquier cosa que me apenara, aunque fuera muy ligeramente, me ponía muy rojo. Los apodos son maneras de describir lo que es obvio de alguien. «El chato», «el flaco», «el chaparro» o «el chino» son apodos que inmediatamente nos hacen imaginar características de los que los llevan.

No es casualidad que solo en Hechos 4:36 se menciona el verdadero nombre de Bernabé: José. El resto del libro se refiere a él como Bernabé solamente. Pero también Lucas, al escribir este libro de Hechos, como dijimos, se aseguró en Hechos 4:36 de que quedara claro el significado del nombre por el que era conocido. «Hijo de consolación» es una descripción perfecta, no solo del carácter de Bernabé, sino del ministerio tan importante que tuvo dentro de los primeros años de la iglesia.

El ministerio de Bernabé hoy en día

Estoy convencido de que Dios está llamando a más personas a tener el crucial ministerio de Bernabé dentro de la iglesia. Hay demasiadas personas con deseos de estar en el centro del ministerio, con un liderazgo evidente, con las luces y la atención sobre de ellos. Nos gusta el reconocimiento. Nos gusta pensar en cómo Dios nos usa y cómo somos protagonistas de Su historia. Nos metemos a las *selfies* que Dios saca de sí mismo en la obra que está haciendo en nuestros ministerios e iglesias.

Pero el ministerio de ser hijos de consolación es uno que generalmente está detrás del escenario. Es un ministerio de apoyar y animar a otros. Es un ministerio de ver lo bueno en alguien cuando todos los demás solo ven lo negativo. Es un ministerio que se arriesga para ser de bendición en las vidas de otros y se sacrifica para suplir necesidades específicas. Es un ministerio que da el beneficio de la duda y aboga por otros aunque represente ciertos problemas y conflictos con amigos.

No escribo sobre ser hijo de consolación porque yo sea un ejemplo obvio de ese tipo de testimonio y ministerio. Escribo sobre esto porque después de estudiar Hechos, la vida de Bernabé se volvió una vida a la que yo deseo imitar más y más. Se lo he pedido a Dios: que la vida de Bernabé sea cada vez más evidente en mí y en mi ministerio con otros, conforme pasen los años.

Mi oración es que este libro sea un reto para ti también al meditar conmigo sobre la vida de Bernabé, de buscar ser un «hijo de consolación» con todas las personas que Dios ha puesto en tu vida, especialmente con tus hermanos y hermanas en el ministerio y en tu iglesia local.

Parte 1

Consolación al necesitado (Hch. 4:32-5:11)

Individualismo vs. vida en comunidad

Principio

La iglesia, como cuerpo de Cristo, debe estar buscando constantemente la manera de reflejar el principio de «cuerpo»: las necesidades de uno son las necesidades de todos.

Texto bíblico

La congregación de los que creyeron era de un corazón y un alma. Ninguno decía ser suyo lo que poseía, sino que todas las cosas eran de propiedad común. Con gran poder los apóstoles daban testimonio de la resurrección del Señor Jesús, y había abundante gracia sobre todos ellos. No había, pues, ningún necesitado entre ellos, porque todos los que poseían tierras o casas las vendían, traían el precio de lo vendido, y lo depositaban a los pies de los apóstoles, y se distribuía a cada uno según su necesidad.

Y José, un levita natural de Chipre, a quien también los apóstoles llamaban Bernabé, que traducido significa hijo de consolación, poseía un campo y lo vendió, trajo el dinero y lo depositó a los pies de los apóstoles.

Pero cierto hombre llamado Ananías, con Safira su mujer, vendió una propiedad, y se quedó con parte del precio, sabiéndolo también su mujer; y trayendo la otra parte, la puso a los pies de los apóstoles. Pero Pedro dijo: «Ananías, ¿por qué ha llenado Satanás tu corazón para mentir al Espíritu Santo, y quedarte con parte del precio del terreno? Mientras estaba sin venderse, ¿no te pertenecía? Y después de vendida, ¿no estaba bajo tu poder? ¿Por qué concebiste este asunto en tu corazón? No has mentido a los hombres sino a Dios».

Al oír Ananías estas palabras, cayó y expiró; y vino un gran temor sobre todos los que lo supieron. Entonces los jóvenes se levantaron y lo cubrieron, y sacándolo, le dieron sepultura.

Como tres horas después entró su mujer, no sabiendo lo que había sucedido. Y Pedro le preguntó: «Dime, ¿vendieron el terreno en tal precio?». «Sí, ese fue el precio», dijo ella. Entonces Pedro le dijo: «¿Por qué se pusieron de acuerdo para poner a prueba al Espíritu del Señor? Mira, los pies de los hombres que sepultaron a tu marido están a la puerta, y te sacarán también a ti». Al instante ella cayó a los pies de él, y expiró. Al entrar los jóvenes, la hallaron muerta; entonces la sacaron y le dieron sepultura junto a su marido. Y vino un gran temor sobre toda la iglesia y sobre todos los que supieron estas cosas (Hch. 4:32–5:11).

Bosquejo del texto

Hechos 4:32-37

¿De dónde viene la unidad?

De una convicción en la verdad

De experimentar la gracia de Dios

mostrada en gracia hacia los demás
En libertad del dinero
En encontrar nuestra identidad en Dios

Hechos 5:1-11
¿De dónde viene el juicio de Dios?

De ignorar la verdad
De menospreciar la gracia de Dios
mostrada en hipocresía hacia los demás
En amor al dinero
En encontrar nuestra identidad en el reconocimiento

Introducción: El valor en la vida cristiana

Al estudiar el libro de los Hechos, tratamos de entender cómo Dios estableció la primera iglesia y qué cosas eran importantes para sus miembros en ese tiempo y que, por lo tanto, también serían importantes para nosotros. En el capítulo 4, previo a la historia del texto que leíste arriba y que estaremos estudiando, Pedro y Juan habían sido liberados después de ser amenazados por los líderes religiosos. Y cuando ellos regresan y les cuentan lo sucedido a los demás hermanos y hermanas de la iglesia en formación, lo primero que ellos hacen es orar.

El tema de esta historia es la valentía santa. ¿De dónde proviene el valor en la vida cristiana? ¿Cómo podríamos enfrentarnos de la misma manera que Pedro se enfrentó a las amenazas de los líderes? Podrían matarlos, pero es como si Pedro hubiera dicho: *Mátennos, nosotros vamos a seguir predicando el evangelio, nosotros vamos a seguir haciendo lo que sea necesario para obedecer el mandamiento que nos dejó Jesús de ir y hacer discípulos a todas las naciones. Cristo resucitado es lo más impactante que hemos visto en nuestras vidas, y tenemos que decírselo a la gente. Jesús está vivo.* ¿De dónde venía este tipo de valor?

Ellos habían visto a Jesús resucitado, además de que habían pasado mucho tiempo con Él, aprendiendo de Él. Ahora todo estaba teniendo sentido. Ahora el Antiguo Testamento empezaba a cobrar significado para ellos, como vemos cuando Pedro cita del Salmo 2 (Hch. 4:25-26). Además de todo eso, vemos que la oración comienza en el versículo 24: «Oh, Señor, tú eres el que hiciste el cielo y la tierra, el mar y todo lo que en ellos hay». El valor viene de entender la clase de Dios que tenemos. Cuando empezamos a contemplar a Dios como es, como está descrito en la Biblia, comenzamos a tener valor porque nos damos cuenta de que Él hizo todas las cosas, Él está en control, Él es soberano. Así que nos preguntamos: ¿de qué tengo miedo?, ¿qué me pueden hacer? Él es mi papá, yo soy Su hijo, estoy en Sus manos, estoy del lado que al final va a ganar, estoy del lado que tiene el control y el propósito en todo lo que sucede.

En el versículo 31 dice que fueron llenos del Espíritu Santo, y hablaban con denuedo la palabra de Dios. Esto es el resultado más importante de ser lleno del Espíritu Santo, el valor con el que predicas lo que sabes, las verdades que conoces acerca de Dios.

Ahora mira lo que sigue, el versículo 32, en donde se manifiesta la unidad de la iglesia. Dice: «Y la multitud de los que habían creído era de un corazón y un alma» (RVR1960). ¿Queremos que la iglesia sea descrita así? ¿Queremos ser «de un corazón y un alma»? Yo creo que ese es el deseo que todos tenemos, de que la iglesia de Cristo sea conocida como una iglesia de un corazón y un alma.

¿De dónde viene la unidad?

Entonces, la pregunta que tenemos que hacernos es: ¿de dónde viene la unidad?, ¿de dónde viene *esta* clase de unidad? Ya fue descrita antes, al final del capítulo 2, donde leemos que «[perseveraban] unánimes cada día en el templo, y partiendo el pan en las casas, [comiendo] juntos con alegría y sencillez de corazón, alabando a Dios, teniendo favor con todo el pueblo. Y el Señor añadía cada día a la iglesia los que habían de ser salvos». Ya teníamos un poquito de esta descripción antes. Ahora nuevamente Lucas nos dice que esta es una iglesia unida. Es una iglesia que está dando testimonio ante la comunidad.

Me parece increíblemente interesante lo que Arístides de Grecia escribió sobre la iglesia cristiana a principios del siglo II:[1]

> Ahora los cristianos, oh rey, al propagarse y buscar, han encontrado la verdad. Porque conocen a Dios y confían en Él, el creador del cielo y la tierra, que no tiene quien lo iguale. De Él recibieron aquellos mandatos que han esculpido en sus mentes y que observan en la esperanza y expectativa del mundo venidero. Es por eso que no adulteran ni comen ni cometen inmoralidad, no dan falso testimonio, no malversan, no codician lo que no les pertenece, honran a padre y madre, y hacen bien a sus prójimos. Cada vez que deben juzgar, lo hacen rectamente. No adoran ídolos hechos a imagen humana, no hacen a los demás lo que no quieren que les hagan, y no comen lo sacrificado a ídolos. A quienes los oprimen, los exhortan y convierten en sus amigos. Hacen bien a sus esposas, oh rey, son puras como vírgenes, y sus hijas son modestas. Sus hombres se abstienen de todo contacto sexual ilícito y de impureza, en espera de la recompensa que ha de venir en otro mundo. En cuanto a sus siervos y siervas, con sus hijos, si los hay, los persuaden a volverse cristianos, y cuando lo hacen, los llaman hermanos sin distinción. Se

---

1. *The Apology of Aristides,* traducido por Rendel Harris (Londres: Cambridge, 1893).

niegan a adorar dioses extraños y siguen su camino con toda humildad y alegría. No existe falsedad entre ellos. Se aman unos a otros, no se olvidan de las necesidades de la viuda y rescatan al huérfano de la persona que lo violenta. El que tiene provee al que no tiene, de buena gana y sin jactarse. Cuando los cristianos se encuentran a un extranjero, lo llevan a sus casas y se regocijan por él como por un verdadero hermano. No llaman hermanos solo a quienes están ligados por lazos de sangre, sino a quienes están hermanados según el espíritu y en Dios. Cuando uno de sus pobres se va del mundo, cada uno provee para su sepultura según su capacidad. Si oyen que alguno de sus miembros está preso, oprimido por causa del nombre del Mesías, todos proveen para las necesidades del afectado, y si es posible recibirlo, lo liberan. Si hay pobreza en medio de ellos y no han guardado alimentos, ayunan dos o tres días a fin de poder suplir las necesidades de los desprovistos. Observan escrupulosamente los mandamientos de su Mesías, viviendo de manera sincera y sobria como les ordena el Señor su Dios. Cada mañana y cada hora, alaban y agradecen a Dios por la bondad que les prodiga, y agradecen por los alimentos y por lo que beben. Si una persona justa muere entre ellos, se regocijan y agradecen a Dios, y escoltan el cuerpo como si lo estuvieran pasando de un lugar a otro cercano. Cuando les nace un niño, alaban a Dios. Si muere en la infancia, le agradecen más a Dios, como por alguien que ha pasado por el mundo sin pecado. Pero si uno de ellos muere en su iniquidad o en sus pecados, se lamentan con amargura y tristeza, como quien está a punto de cumplir su condena. Tal, oh rey, es el mandamiento dado a los cristianos, y tal es su conducta.

Esto es una descripción de la iglesia en el segundo siglo. No es tan diferente a la descripción que leímos de parte de Lucas. ¿Cómo era la iglesia, de acuerdo a la descripción de Lucas?:

> Era de un corazón y un alma; y ninguno decía ser suyo propio nada de lo que poseía, sino que tenían todas las cosas en común. Y con gran poder los apóstoles daban testimonio de la resurrección del Señor Jesús, y abundante gracia era sobre todos ellos. Así que no había entre ellos ningún necesitado; porque todos los que poseían heredades o casas, las vendían, y traían el precio de lo vendido, y lo ponían a los pies de los apóstoles; y se repartía a cada uno según su necesidad (Hch. 4.32-35, RVR60).

Esa es la descripción de la primera iglesia. ¿Así se ve la iglesia actual? ¿Es esa una descripción de nosotros? Esta descripción muchas veces nos hace sentir incómodos. Decimos: *Tengo cosas..., ¡pero son mías! ¡Me han costado esfuerzo!*

Pero entonces ¿qué hacemos con un pasaje como el que acabamos de leer? ¿Qué se supone que tenemos que hacer con nuestras pertenencias? ¿Venderlas y traer todo el dinero a la congregación? Creo que es un mensaje sumamente importante. ¿De dónde viene la unidad que describe este pasaje? Quiero hacer varias conexiones aquí y que veas cómo Dios estaba obrando en este grupo de personas. Suena como la iglesia perfecta..., pero no lo es. Más adelante nos vamos a dar cuenta de que, evidentemente, hay problemas, pero primero notemos de dónde viene la unidad.

La unidad viene de una convicción en la verdad

La Escritura dice: «La multitud de los que habían creído». «Creído», aquí está la clave. Ellos habían creído algo, eso es lo que los unía. ¿Y en quién habían creído? En Jesús, que murió por ellos y resucitó, y ahora está vivo y lo era todo para ellos. Eso habían creído, se habían arrepentido de sus pecados, habían puesto su confianza en Jesús como la única esperanza para sus vidas, el único fundamento de su existencia, y eso es lo que los mantenía unidos.

La iglesia no era un club social donde se juntaban y decían: *Ay, pobrecito este, no tiene dinero, hay que darle*, y ya. ¡No! Hay algo que los unió primero, que fue la experiencia de una verdad: el sacrificio de Jesús y Su resurrección, y eso queda claro porque en el versículo 33 dice que eso es lo que están predicando. Leemos: «Y con gran poder, los apóstoles daban testimonio de la resurrección del Señor Jesús». Entonces, la verdad los une. La unidad siempre, siempre, debe estar basada en la verdad. *Siempre.*

La verdad es la que nos une, porque si no existe una verdad que nos esté uniendo, entonces no es verdadera unidad. Por eso hay un problema en el ecumenismo, por ejemplo, cuando se dice: *Bueno, cristianos, católicos, mormones, testigos de Jehová, al fin y al cabo todos creemos en Dios, al fin y al cabo todos estamos tratando de hacer lo correcto, al fin y al cabo las intenciones son las que cuentan*, y entonces hacen ver como que deberíamos estar unidos porque, en definitiva, todos estamos creyendo supuestamente lo mismo.

Pero la única manera de crear esa ilusión de unidad es ignorando las verdades que nos dividen, que nos separan. Hay cuestiones fundamentales que nos diferencian, que no nos permiten estar unidos. Los cinco «solo» hablan acerca de algunas de estas verdades que nos unen o nos dividen con otros: Solo la gracia de Dios, solo por fe, solo Cristo, solo a Dios la gloria, solo la Biblia. Esas son las verdades que unen a la verdadera iglesia, y por eso Martín Lutero tuvo problemas con ella, y por eso lo echaron, lo excomulgaron, porque estaba causando división en base a algunas verdades muy importantes.

Por eso debemos tener unidad como iglesia, porque creemos lo mismo, y porque hemos visto a Jesús, y esta es una manera de definir la fe que nos une, la verdad de la fe que nos une. Hemos visto a Jesús como el máximo tesoro de nuestras vidas, como lo más hermoso que hemos contemplado y que ahora se ha convertido en el centro de nuestra existencia. Es una manera de definir esa verdad que nos une como iglesia. Todos creemos que Jesucristo es lo más precioso que nos ha sucedido. Todos creemos que la salvación y el perdón de los pecados es lo más importante que hemos experimentado. Esto es la iglesia.

La unidad viene de experimentar la gracia de Dios

Ahora, si esto nos une, entonces cada uno de nosotros debemos haber experimentado la gracia de Dios. ¿Y qué es la gracia de Dios? Es recibir algo que no merecíamos —como un regalo— y vivir agradecidos por ello.

Lucas ya está asumiendo que han experimentado la gracia de Dios y va a describir cómo es la iglesia que ha tenido la experiencia directa de recibir la gracia de Dios. Entonces no debe sorprendernos cuando vemos a este grupo de personas que simplemente han creído y, en consecuencia, están haciendo cosas muy extrañas: repartiendo sus cosas, vendiendo sus propiedades, trayendo el dinero, asegurándose de que no haya ningún necesitado entre ellos. ¿Nos perdimos de algo aquí? Tenemos que regresar y pensar, ¿qué experimentaron?

Ellos experimentaron la gracia de Dios. Esto, en este pasaje, es cómo se ve en la práctica cuando hemos experimentado algo sobrenatural con Dios.

Esto no es una utopía, no es el fundamento del comunismo. Un poco más adelante vamos a ver por qué no lo es. Esto es cómo se ve la gracia de Dios puesta en práctica, que es recibir algo que no merecemos. Yo doy algo de lo que Dios me ha dado a mí porque, en definitiva, ni siquiera es mío. Es gracia. Si yo tengo una propiedad, ¿quién me la dio? Dios. Entonces, si es de Él, que haga Él lo que mejor le parezca con esa propiedad.

El punto no es que tenemos que salir y vender nuestras cosas y traer todo el dinero a la iglesia. El asunto es, ¿cómo muestras la gracia de Dios hacia otros? Ese es el punto. Quiero enfatizar que esta gracia mostrada hacia los demás se manifiesta de diferentes formas en diferentes tiempos y culturas. El tipo de necesidad que existía en el momento que relata Hechos 4, no es la que nosotros vivimos en nuestra iglesia. Hoy todos pensamos que somos los pobres. *Ay, pobre de mí, no me alcanza para pagar mi internet.* Eso no es ser pobre. *No me alcanza para pagar mis servicios de «streaming»..., ahora, ¿cómo voy a ver todos los programas que me gusta ver?* Eso no es ser pobre.

Yo vivo en la Ciudad de México con mucho más de lo que necesito. Y en la iglesia que pastoreo hay diferentes niveles económicos, pero nadie en una condición de pobreza extrema. No quiere decir que nunca va a llegar el día en el cual tengamos situaciones reales de pobreza extrema, pero creo que la mayoría de nosotros vivimos bastante bien.

La unidad viene de la libertad del dinero

Pero aquí está la clave, y es lo que creo que está pasando en el pasaje que estamos estudiando. Estas personas viven de una manera en la que queda claro que son libres del dinero. Y eso es lo que se debería ver en todos nosotros también. Esta libertad del dinero, de que no estamos atesorando cosas para nosotros mismos, que nuestra vida no trata de las cosas que tenemos. ¿Cómo se mide el éxito de un negocio normalmente? Si vas a evaluar un negocio y te preguntas: *¿Funciona este negocio: sí o no?* ¿Cómo lo mides? En relación al dinero; o sea, el dinero es la manera típica de medir el éxito de un negocio, porque si genera dinero entonces es un negocio exitoso, o por lo menos arroja ganancia.

¿Sabes que la vida cristiana también se puede medir en relación al dinero? El éxito de tu vida como cristiano se puede medir en relación al dinero, no por cuánto tienes, sino por cómo lo usas. Esa es la medida. ¿Qué tanto te consume? ¿Qué tanto lo compartes? ¿Qué tanto lo inviertes en cosas que tienen que ver con el reino de Dios? Esa es la medida. No es si tienes mucho o tienes poco, es *qué haces con lo que tienes.*

Eso es lo que está pasando en nuestro pasaje. La medida de la espiritualidad, de la relación que ellos tienen, de la gracia que han experimentado de parte de Dios, se mide en la manera en que se expresan hacia los demás, materialmente hablando, qué tan fácilmente se desprenden de sus cosas. Es como si dijeran: *¿Qué importa lo que podamos o no tener en esta vida? Hay cosas mucho más importantes.*

En Lucas 12:32, Jesús dijo: «No temáis, manada pequeña, porque a vuestro Padre le ha placido daros el reino» (RVR1960). ¿Cuál es tu herencia si eres hijo de Dios? El reino. Ya todo el universo es nuestro en Cristo. Ahora mira la conexión en el próximo verso, en Lucas 12:33: «Vended lo que poseéis y dad limosna; haceos bolsas que no se envejezcan, tesoro en los cielos que no se agote, donde ladrón no llega, ni polilla destruye. Porque dónde está vuestro tesoro, ahí estará también vuestro corazón» (RVR1960).

Demostremos por la manera en que usamos nuestro dinero que el dinero no es tan importante para nosotros. Demostrémoslo por la forma en que lo utilizamos. O sea, no seamos tacaños. Tú y yo tenemos un sentido de pertenencia: *¡Es mío, es mío!* Pero eso no es verdad. ¡No es tuyo! Dios te lo dio.

Entonces ¿por dónde empezamos mostrando la gracia que hemos experimentado? Primero, en tu iglesia local. Esa comunidad tiene que ser una comunidad que vive y se goza en dar, dar, dar, gracia sobre gracia. Debemos pensar: *No lo mereces, pero te lo doy.* Quiero que veas que la verdadera libertad viene cuando eres libre del dinero. Cuando amas el dinero, no eres libre.

Tal vez al leer este pasaje, algo en nosotros nos haga sentir incómodos. ¿Saben qué es? Es la esclavitud al dinero y a las cosas. Eso es lo que nos hace sentir incómodos. Si fuéramos realmente libres, ser generosos se convertiría en nuestra meta. Diríamos: *Señor, ayúdame realmente a usar mi dinero de tal manera que la gente vea que no es gran cosa para mí.*

Hay muchas maneras de manifestar que las cosas no son tan importantes para nosotros. Una de ellas es, por ejemplo, cómo reaccionamos cuando nos roban algo, o cuando nos asaltan. Conozco a muchos en la Ciudad de México que han sido asaltados, les han robado cosas de su coche o se han metido en sus casas. ¿Cómo reaccionamos? Es algo externo, son cosas materiales. No íbamos a llevárnoslas al cielo. Entonces, ¿cómo actuamos de tal manera que muestre el valor que realmente tiene lo que poseemos materialmente?

La gracia nos enseña que nada es nuestro y que nada merecemos. Casi todos sentimos que no ganamos lo suficiente, ¿no es cierto? *Es que lo que me pagan no es suficiente. Si supieran, en realidad, cuánto aporto, si supieran cuánto vale, en realidad, mi trabajo, me pagarían mucho más*. Todos pensamos que valemos mucho más, que deberíamos ganar mucho más. Esa es la manera en la que vivimos. Pero examina lo que dijo Pablo en 2 Corintios 8:7-9. Él estaba tratando de construir un argumento. Estaba fundamentando su convicción sobre por qué deberían dar. Estaba tratando de motivarlos a entregar una ofrenda. Y les dice: «Mas así como vosotros abundáis en todo: en fe, en palabra, en conocimiento, en toda solicitud, y en el amor que hemos inspirado en vosotros, ved que también abundéis en esta obra de gracia» (LBLA). Pablo motivaba a los corintos a dar a los necesitados. «No digo esto como un mandamiento». No los iba a obligar a dar. En la iglesia jamás debemos obligar a dar. Pero este es el razonamiento de Pablo:

> No digo esto como mandamiento, sino para probar, por la solicitud de otros, también la sinceridad de vuestro amor. Porque conocéis la gracia de nuestro Señor Jesucristo, que siendo rico, sin embargo por amor a vosotros se hizo pobre, para que vosotros por medio de su pobreza llegarais a ser ricos.

La unidad viene de encontrar nuestra identidad en Dios

¿Qué es lo que Dios te ha dado? ¿Qué es lo que Jesús hizo por ti? Regresemos a nuestro pasaje en Hechos. Sigamos examinando el ejemplo de la iglesia primitiva. Dar era un placer para ellos. Un poco más adelante veremos que no era el caso de todos los que estaban vendiendo sus propiedades, pero aquí tenemos el ejemplo de uno de ellos. Tenemos un caso muy específico que nos da Lucas. Dice Hechos 4:36:

> Entonces José, a quien los apóstoles pusieron por sobrenombre Bernabé (que traducido es, hijo de consolación), levita, natural de Chipre, como tenía una heredad, la vendió y trajo el precio y lo puso a los pies de los apóstoles (RVR1960).

Aquí tenemos un ejemplo concreto. Lucas decide contarnos la historia de Bernabé. Aquí es donde empezamos a escuchar acerca de Bernabé. Bernabé era un hombre ejemplar en la iglesia. Por eso le ponen ese apodo. Se llama José, pero le dicen: *¿Sabes qué? Tú eres excelente en consolar a los demás.* ¿Te gustaría que esa fuera la manera en que te perciben? *El nombre que tienes no te describe bien. Nos gustaría llamarte Consolación.* Eso es lo que le pasa a Bernabé. Evidentemente aquí hay un hombre que siempre está preocupado por consolar a otros, y los discípulos y apóstoles reconocen este sentir que hay en él.

Más adelante veremos la conversión de Saulo. Bernabé es uno de los primeros que aboga por él. Nadie quiere acercarse a Pablo porque lo que saben de él es que anda matando cristianos, y Bernabé es uno de los que dice: *Creo que algo pasó aquí. Creo que deberíamos escucharlo. Creo que deberíamos darle crédito por lo que ha experimentado, creo que de veras Dios lo ha transformado.* Y él es el que aboga por Pablo al principio. Después, más adelante, hará viajes misioneros con Pablo, y Bernabé será el que abogará por Marcos. Pablo dirá: *No, Marcos nos abandonó. Ya no lo quiero llevar.* Y Bernabé responderá: *Vamos a llevarlo. Démosle otra oportunidad.* Y eso generará una división entre Pablo y Bernabé. Estos son los temas que estudiaremos en los capítulos siguientes. Pero por ahora, esta es la introducción a Bernabé.

Este es el principio, las primeras características que hallamos en este hombre, un hombre que encuentra gozo y satisfacción en dar. Aquí está la clave, Hechos 20:35 dice:

> En todo os he enseñado que, trabajando así, se debe ayudar a los necesitados, y recordar las palabras del Señor Jesús, que dijo: Más bienaventurado es dar que recibir (RVR1960).

¿En qué encuentras más placer? Esa es la pregunta. Eso es lo que tendríamos que estar preguntándonos nosotros acerca de nuestras propias vidas.

Hemos llegado al final del capítulo 4. Me parece que aquí no debería haber división de capítulos porque lo que sigue es una historia que debe leerse junto con la de Bernabé, porque inmediatamente después de habernos descrito Lucas cuál era el corazón y el testimonio de Bernabé, nos describe otra situación completamente opuesta, y este es un ejemplo del juicio de Dios. Así que vamos ahora a analizar este importante tema.

¿De dónde viene el juicio de Dios?

Lo que quiero que notes en la historia de Ananías y Safira son los contrastes que hay allí. Todas las cosas que caracterizaban a la primera iglesia, de la cual surgía la unidad, resultan lo opuesto en Ananías y Safira.

La Escritura dice:

> Pero cierto hombre llamado Ananías, (que, irónicamente, significa «el Dios de gracia»), con Safira (que significa «hermosa») su mujer, vendió una heredad, y sustrajo del precio, sabiéndolo también su mujer; y trayendo solo una parte, la puso a los pies de los apóstoles. Y dijo Pedro: Ananías, ¿por qué llenó Satanás tu corazón para que mintieses al Espíritu Santo, y sustrajeses del precio de la heredad? Reteniéndola, ¿no se te quedaba a ti? y vendida, ¿no estaba en tu poder? ¿Por qué pusiste esto en tu corazón? No has mentido a los hombres, sino a Dios. Al oír Ananías estas palabras, cayó y expiró. Y vino un gran temor sobre todos los que lo oyeron. Y levantándose los jóvenes, lo envolvieron, y sacándolo, lo sepultaron.
>
> Pasado un lapso como de tres horas, sucedió que entró su mujer, no sabiendo lo que había acontecido. Entonces Pedro le dijo: Dime, ¿vendisteis la heredad por tanto? Y ella dijo: Sí, en tanto. Y Pedro le dijo: ¿Por qué convinisteis en tentar al Espíritu del Señor? He aquí a la puerta los pies de los que han sepultado a tu marido, y te sacarán a ti. Al instante ella cayó a los pies de él, y expiró; y cuando entraron los jóvenes, la hallaron muerta; y la sacaron, y la sepultaron junto a su marido. Y vino gran temor sobre toda la iglesia, y sobre todos los que oyeron estas cosas (Hch. 5:1-11, RVR1960).

Aquí tenemos el ejemplo de todo lo contrario a lo que vimos. Ya analizamos los puntos que nos muestran de dónde viene la unidad. Ahora quiero que vean aquí, por contraste, de dónde viene el juicio de Dios.

El juicio de Dios viene de ignorar la verdad

No sé si estos dos personajes, Ananías y Safira, entienden realmente que Dios es omnipresente. No sé si están conscientes de que el Espíritu Santo es el que está obrando a través de los apóstoles y por eso la iglesia se está extendiendo. No sé exactamente cuál es el estado de la conciencia de Ananías y Safira, pero ¿no es cierto que muchas veces cuando desobedecemos a Dios es porque intencionalmente queremos ignorar la verdad que conocemos acerca de Él? Decimos: *Ah, sí, sí, Dios está en todas partes, pero no hay ningún hermano que nos vea.* Entonces, creemos que no hay problema.

Ananías y Safira están restringiendo la verdad, están reprimiendo la verdad que conocen acerca de Dios. Dios es verdad, y entonces, cuando nosotros intencionalmente mentimos o ignoramos la verdad, estamos haciendo caer un juicio sobre nosotros. Porque recuerda, ¿de dónde viene la unidad? De la verdad. La verdad es lo que más importa. Lo que es *cierto* es lo que más importa. Si Dios es omnipresente, si Dios está en todas partes y Dios ve todo lo que hago, ¿voy a ignorar esa verdad? ¿Voy a reconocer primeramente Su presencia en mi vida y después que venga lo que venga?

Ellos están preocupados por varias cosas. Menosprecian la gracia de Dios, muestran hipocresía hacia los demás, aman el dinero, y están enamorados del reconocimiento que otros pueden darles.

El juicio de Dios viene de la hipocresía hacia los demás

Me imaginaba el contexto de la historia de Ananías y Safira. Ya vimos lo que estaba pasando en la iglesia. Todos vendían sus propiedades y decían: *He visto esta necesidad, y he traído dinero. Podemos usarlo para comprar comida o ropa, lo que sea necesario.* Eso sucedía en la iglesia.

Y Bernabé es un ejemplo de esa actitud generosa. Los apóstoles lo reconocen y dicen: *Tú eres un hombre de consolación. Tú vendiste tu propiedad y trajiste lo que tenías. Gracias a Dios por tu vida.* Y eso empieza a tentar a Ananías y a su esposa. Ellos no tenían que vender lo que poseían. No tenían que hacerlo, y eso queda claro porque Pedro le dice a Ananías:

> «Reteniéndola, ¿no se te quedaba a ti? y vendida, ¿no estaba en tu poder?» (v. 4).

El problema no era que solo habían traído parte del dinero de la venta. El problema era la motivación detrás de sus acciones. Querían que la iglesia pensara que habían vendido su propiedad y que habían traído todo el dinero que recibieron por esa propiedad. Probablemente pensaron: *Bernabé lo hizo, y hasta le pusieron un bonito apodo. A lo mejor a nosotros también nos ponen uno.* Querían que la gente dijera: *Miren a esta pareja, Ananías y Safira, qué ejemplares son en la iglesia, cómo vendieron sus propiedades y nos donaron todo.*

No sé cómo sería el proceso de venta en ese momento, la Biblia no lo explica. No sé si quizás originalmente su intención era dar todo el dinero, pero, en algún punto, a lo mejor cuando ya habían vendido la propiedad y recibido todo el dinero dijeron: *Pues, ¿por qué no damos solo una parte? Podemos seguir diciendo que es todo, así nos reconocerán y quedaremos bien con la gente, y además, tendremos un poco de dinero para nosotros.*

El juicio de Dios viene del amor al dinero

Ananías y Safira muestran que realmente no están tan desprendidos de sus posesiones como muchas de las personas que se describen en este pasaje. Aman el dinero lo suficiente como para mentir. Y aquí es donde todo se coloca en una balanza. Al ir incrementando el amor por el dinero va a ir decreciendo el amor por la verdad. Al ir aumentando mi amor por mí mismo y el reconocimiento que otros pueden darme, va a ir decreciendo mi amor por la verdad.

¿Te fijas de dónde viene la mentira aquí? Del amor al dinero. De amar el reconocimiento de los demás, lo que otros puedan pensar. Por lo tanto, la verdad deja de tener importancia.

El juicio de Dios viene de menospreciar la gracia de Dios

Y de ese modo se menosprecia la gracia de Dios. Esto es lo que llamamos *antinomianismo*, que significa «anti-ley». Es cuando pensamos que como Dios nos perdona, como Dios es un Dios de gracia, entonces puedo hacer cualquier cosa. Decimos: *Señor, déjame hacer esto. Al fin y al cabo, mañana puedo regresar contigo y pedirte perdón.*

¿Estaban Ananías y Safira menospreciando la gracia de Dios de esa manera? Pensaron: *Dios nos perdonará. No creo que Dios se moleste tanto por esto. Al fin y al cabo, sí estamos dando algo, sí estamos trayendo dinero, sí estamos ayudando, ¿o no? ¿Quién se va a quejar?* Pero en ellos primaba la presión de quedar bien con la gente.

¿Alguna vez has sentido esta inclinación? A pensar: *Yo no quiero quedar mal con los hermanos. No quiero que vean que siempre pasa la bolsa de la ofrenda y que nunca doy. Solo traigo unos pocos pesos pero, por lo menos, ya vieron que di. Por lo menos, ya quedé bien con la iglesia. Por lo menos, no van a decir: «Ese hermano nunca da».* ¿Ven cómo no estamos tan lejos de ser como Ananías y

Safira, considerando que lo que otros piensen sobre nosotros nos importa demasiado y más de lo que piensa Dios sobre nuestro corazón y la verdadera razón por la cual estamos haciendo las cosas? Recordemos este pasaje:

> Que cada uno dé como propuso en su corazón, no de mala gana ni por obligación, porque Dios ama al que da con alegría (2 Co. 9:7).

Es como si Pedro les estuviera diciendo esto a Ananías y a Safira: *Si no querían dar, si de veras en su corazón no está dar, no den, porque si dan por mantener las apariencias es hipocresía. Solo den si realmente es lo que quieren hacer, lo que Dios ha puesto en su corazón, porque no hay nada que nos haga más felices que dar para el reino de Dios. Solamente si ese es el caso. Si no, Dios no quiere su dinero. Si solamente es para impresionar a otros, por lo que otros pueden pensar de ustedes, entonces a Dios no le interesa.*

Satanás fue muy astuto. Pedro reconoce que Satanás tuvo un rol aquí. Dice:

> ¿Por qué ha llenado Satanás tu corazón para mentir al Espíritu Santo? (v. 3)

Satanás sabe cómo tentar nuestro orgullo. Y entonces, ve esta situación y dice algo así: *En esta iglesia todos están vendiendo cosas, dando dinero a los pobres. ¿Cómo puedo aprovechar eso para tentar su orgullo?* Y lo hizo muy bien con Ananías y Safira.

Cuando Jesús se encontró con el joven rico, en Marcos 10, ¿qué le dijo este a Jesús?

Parafraseando, sería algo así: *Señor, mira, yo he hecho todo lo que dicen los mandamientos. Yo he estado cumpliendo la ley a la perfección. ¿Qué me falta?* Jesús le contesta: *Algo, chiquito, te falta. Vende todo lo que tienes y dáselo a los pobres.* ¿Y qué hizo el joven? «Afligido por estas palabras, se fue triste, porque era dueño de muchos bienes» (Mr. 10:22).

Las posesiones y nosotros

¿Cuál es tu relación con las posesiones? ¿Y cuál es el propósito de Dios en mostrar este juicio contra Ananías y Safira? Este pasaje es uno que no nos gusta leer. Ananías oyó estas palabras y cayó muerto. ¿Por qué Dios hizo eso? Para que viniera un gran temor sobre todos los que lo vieron y lo oyeron. Para que la iglesia se diera cuenta de qué clase de Dios es su Dios, un Dios al que no le gusta la hipocresía. Si hay algo que es sumamente peligroso, sumamente tóxico en la iglesia, es la hipocresía. Y todos tenemos un poquito de eso.

Pero nuestro sentir debería de ser: Señor, examina mi corazón. Ve dónde mis motivaciones no son las correctas. Ve dónde la razón por la que estoy haciendo las cosas no es la correcta. Señor, amo demasiado mis cosas, amo demasiado el dinero. Muéstrame los ídolos de mi corazón. Y si haces esta oración, cuidado, porque Dios muchas veces contesta este tipo de oraciones de maneras que no nos gustan tanto. Pero es necesario pedirle a Dios que nos muestre dónde se está desviando nuestro corazón.

Y aquí, justo en el principio de la iglesia, en esta primera etapa en la cual la iglesia está desarrollándose, Dios quiere que quede bien claro: *Yo estoy aquí, y no es un juego. Esto de la iglesia no es un juego.* Se nos olvidan estas verdades. Empezamos a pensar sobre la iglesia solo en términos de unos con otros. Vamos a ver a nuestros hermanos y amigos que nos caen muy bien. Empezamos a pensar solo en relaciones horizontales y se nos olvida que Dios conoce cada uno de nuestros pensamientos. Él conoce cada una de nuestras palabras. Él conoce todas las cosas que hay en nuestro corazón, todo el sentir más profundo y todas las motivaciones.

Tú y yo debemos acercarnos con temor, diciendo: *Ayúdanos, Señor, a tener más temor del que tenemos normalmente. Ayúdanos a darnos cuenta de que esto no es un juego. Ayúdanos a darnos cuenta que cada vez que se lee tu Palabra, es tu Palabra, no la palabra de hombres.*

No soy yo, el pastor, el que está hablando. Es Dios el que está hablando. ¡Ayúdanos, Señor! ¡Despiértanos de esta inercia en donde hacemos las cosas por hacerlas y donde nos preocupa demasiado lo que otros piensan de nosotros! Ayúdanos a que lo único y lo más importante sea lo que tú piensas de nosotros. ¡Ayúdanos!

El juicio de un Dios santo

¿Eran Ananías y Safira cristianos genuinamente convertidos? El pasaje no lo dice. Puede ser que sí, puede ser que no. A veces, el juicio de Dios, como leemos en 1 Pedro 4:17, empieza por Su propia casa. Y si leemos 1 Corintios 11:27-32, dice Pablo que no tomemos la Cena del Señor indignamente. Al parecer, en la iglesia de los Corintios estaban tomando la Cena del Señor indignamente, por eso muchos dormían entre ellos. El juicio de Dios había caído sobre los Corintios por menospreciar el valor que tenía la Cena del Señor. Pero Pablo es muy claro en ese pasaje, él dice que la razón por la cual el juicio de Dios estaba cayendo era precisamente para salvarlos, para que no siguieran hundiéndose en su pecado y para ser de ejemplo a otros. Dios podría hacer esto en nuestras propias vidas..., no nos sintamos tan diferentes de Ananías y Safira.

La hipocresía está en nuestros corazones y es muy peligrosa, pues puede ir germinando y dando su fruto en nuestras vidas. Si eso te está sucediendo, podrías recibir una llamada de atención de parte de Dios en cualquier momento. Y el mismo día que Dios te llame la atención podría ser el mismo día de tu funeral. No quiere decir que no eres Su hijo. Significa que Dios te ama y está guardándote de seguir en esa dirección. Esta historia está aquí para servir de ejemplo para nosotros.

Satanás podría estar aprovechando tantas situaciones que hay en nuestras vidas, tantas circunstancias, tomando ocasión de los deseos que él conoce que son los anhelos de nuestro corazón y de nuestra naturaleza caída, para desviarnos. Esta historia está aquí para nosotros hoy, porque Dios quiere que reconsideremos nuestras propias vidas, que examinemos nuestras motivaciones y le pidamos a Él que nos dé un tono de seriedad con respecto a Su obra, la obra del Espíritu Santo. ¿Qué significa tentar al Espíritu del Señor? Significa ignorar la presencia de Dios, pensar que puedo salirme con la mía, con mi voluntad, y menospreciar la gracia de Dios viviéndola como gracia barata.

Cuando entró Safira, también murió de inmediato. «Al instante ella cayó a los pies de él, y expiró. Y al entrar los jóvenes, la hallaron muerta; entonces la sacaron, y le dieron sepultura junto a su marido. Y vino un gran temor sobre toda la iglesia y sobre todos los que supieron estas cosas» (vv.10-11). Esta es la primera vez que se menciona la palabra «iglesia» en el libro de Hechos. Tú y yo somos parte de la iglesia que Dios ha edificado a través del evangelio y del fundamento de los apóstoles. ¿Vino gran temor sobre ti cuando escuchaste que Dios hizo esto con Ananías y Safira? Espero que sí. Eso es lo que este pasaje está diseñado para hacer. Está diseñado para hacerte temer, para hacerte dar cuenta de que Dios no es cualquier cosa, que esto no es un juego, que Su obra en tu vida, las motivaciones de tu corazón, la razón por la que haces las cosas es muy importante para Dios.

Advertencias de ayer y hoy

Hebreos 10:29 dice: «¿Cuánto mayor castigo piensan ustedes que merecerá el que ha pisoteado bajo sus pies al Hijo de Dios, y ha tenido por inmunda la sangre del pacto por la cual fue santificado, y ha ultrajado al Espíritu de gracia?». Estas advertencias están en la Biblia por una razón: para que no pensemos que vamos bien porque la gente piensa bien de nosotros. Dios dice: *Lo único que importa, al final, es lo que Yo pienso. Y quiero que recuerdes que Yo puedo ver todo.* Imagínate que en una pantalla pasaran nuestros pensamientos. ¿Te sentirías orgulloso? Eso es lo que Dios hace con nosotros. Él puede ver exactamente todo lo que estamos pensando. Él puede ver todo lo que sentimos y todo lo que quisiéramos hacer.

El final del Salmo 139 es la oración que Dios quiere que cada uno de nosotros haga de manera personal todos los días:

> Escudríñame, oh Dios, y conoce mi corazón;
> Pruébame y conoce mis inquietudes.
> Y ve si hay en mí camino malo,
> Y guíame en el camino eterno.

¿Seremos como Ananías y Safira o seremos como Bernabé?

Poniéndolo en práctica en nuestra vida

Después de haber meditado en algunas implicaciones iniciales sobre lo que significa la consolación al necesitado, quiero que ahora pienses junto conmigo en la raíz de la razón por la que descuidamos nuestro enfoque e iniciativa en suplir las necesidades de otros. En otras palabras, a continuación me gustaría que analizáramos varias implicaciones prácticas de lo que hemos aprendido, para ponerlo en práctica en nuestra vida.

El problema del individualismo

El individualismo nos afecta a todos. Es la inclinación natural que todos tenemos. Es natural que mis problemas y preocupaciones sean el centro y enfoque de mi vida. Si yo te pidiera hacer una lista de los problemas y desafíos que tienes, probablemente dirías: deudas, relaciones, trabajo y salud. No es difícil saber qué tribulaciones enfrentamos personalmente. Pero si yo te preguntara sobre lo que está enfrentando alguien más en tu iglesia, podría ser todo un reto para ti.

La Biblia describe a la iglesia como «un cuerpo» en 1 Corintios 12. Esta imagen implica que nunca debemos pensar en nuestro cristianismo como algo a nivel individual solamente. Siempre debemos tener en mente que «somos miembros los unos de los otros» y que nos necesitamos unos a otros. Esa es una manera de pensar que va en contra de todo lo que escuchamos en una sociedad individualista, en la que nos vemos forzados a luchar por nuestros propios derechos y donde nuestra privacidad y libertad de expresión son derechos prioritarios.

Pero en la Biblia no existe el concepto de cristiano aislado de la comunidad cristiana. Si eres un creyente transformado por la fe en el Hijo de Dios, perteneces a la familia de Dios, y Él te usará ahora para que reflejes Su gracia y Su misericordia en tu interacción con los demás miembros, con quienes estarás en comunión y adoración comunitaria del Creador por toda la eternidad.

Este fundamento de comunidad es algo que exploraremos más cuando estudiemos juntos el tema de la unidad de la iglesia en la Parte 3. Por ahora, meditaremos en las implicaciones de nuestro individualismo cuando se trata de vivir como familia y consolar al necesitado en el cuerpo de Cristo.

Los domingos vemos a la gente entrar en las iglesias, cantar alabanzas, tomar apuntes durante el sermón y despedirse después de un breve tiempo de convivencia. Esa es la experiencia común de los que pertenecemos a la membresía de una iglesia local. Pero ¿qué sabemos realmente de la vida personal de otros a nivel de sus necesidades? Todos fallamos en estar suficientemente involucrados en las vidas de otros. Como pastor, intento saber lo que está pasando con la congregación, pero es imposible estar involucrado profundamente en la vida de todos. Por eso es importante trabajar constante e intencionalmente en el desarrollo de nuevos líderes dentro de la iglesia (parte del tema que veremos en la Parte 3).

Pero ¿qué de las personas de las que sí estoy cerca? Hay muchos que sí puedo conocer y amar de una manera más profunda e intencional. Hay muchos que Dios pone en mi camino para aconsejar individualmente. La Palabra de Dios me llama a preocuparme de mis hermanos como me preocupo de mis propios problemas. Ese es el corazón de «Amarás a tu prójimo como a ti mismo» (Mt. 22:39).

¿Cómo se ve el amor para mi prójimo? El amor se experimenta en emociones tangibles compartidas. Pablo nos da el imperativo de ser «afectuosos unos con otros con amor fraternal; con honra, dándose preferencia unos a otros» (Ro. 12:10). Y más adelante en el versículo 15 nos manda a sentir empatía con las experiencias de otros como una manera de expresar ese amor: «Gócense con los que se gozan y lloren con los que lloran». Esto significa que las cosas que traen alegría a mi hermano no deben provocar celos en mí, sino el mismo gozo que veo en él. También significa que los problemas y las tribulaciones que vive mi prójimo deberían de ser mis tribulaciones y problemas. Debemos priorizar los problemas y necesidades de otros. Eso es parte de lo que significa «dándose preferencia unos a otros».

Pero si somos honestos, casi nunca hacemos eso. Nuestros propios problemas siempre toman prioridad. La manera de comprobarlo es evaluando cómo usamos nuestros recursos materiales, espirituales y de tiempo. Utilizamos la mayor parte de nuestro dinero, oración y tiempo en nosotros mismos y en nuestra familia, y eso está bien. Tenemos la principal responsabilidad de cuidar de los nuestros. Pero… ¿qué porcentaje es para otros? Si la manera de amar a otros es buscando suplir necesidades, entonces el uso de nuestros recursos debería reflejar eso.

¿Cómo consolar al necesitado?

En oración

El primer recurso que tenemos a nuestra disposición es la oración. Dios quiere que vayamos a Él en oración todo el tiempo. Pero nuestro tiempo de oración muchas veces se desarrolla en medio de la necesidad personal. Tenemos una situación difícil y le pedimos a Dios sabiduría y consuelo. Eso es bueno y necesario, pero no puede ser el todo del contenido de nuestro tiempo de oración. ¿Oramos por otros también? Creo que una de las razones por las que Dios desea que oremos por otros es porque quiere recordarnos que somos parte de un cuerpo más grande, la iglesia (1 Co. 12). Si no somos intencionales en tener una lista de peticiones de oración por otros, será muy inusual que oremos por alguien diferente al que vemos en el espejo todos los días.

Quiero recomendar el libro *Cuando orar es una lucha,* de mi buen amigo Kevin Halloran, que da muchos consejos útiles sobre cómo orar de una manera más intencional y bíblica. Kevin sugiere lo siguiente en cuanto a la iglesia local:

> Edifica tu congregación local. Ora por la vitalidad espiritual de tus pastores y ancianos y de sus familias. Ora por tu grupo pequeño, por los enfermos, por los misioneros asociados con tu iglesia alrededor del mundo y por el testimonio de tu iglesia en su comunidad. Ora que Dios obre en y a través de otras iglesias en tu comunidad. Considera pedirle a tu pastor una lista de peticiones de oración y otra de los nombres de los miembros de tu iglesia, para que puedas orar por ellos (Pág. 111).

Seamos intencionales en cumplir con la promesa de «voy a orar por ti», para que no sea algo amable —aunque sin verdadero significado— que nos decimos entre cristianos. Lleva y actualiza constantemente una lista de oración en tu teléfono, que te sirva de recordatorio al orar al Señor a diario. Recuerdo bien que cuando yo era niño todos los días veía a mis abuelos en la mesa después del desayuno recorriendo listas de personas en su tiempo de oración. Yo no he sido muy organizado en este punto en mi propia vida, pero al escribir esto Dios está recordándome de la importancia de orar por otros.

Con dinero

La forma cómo usamos nuestro dinero es un reflejo de lo que valoramos en esta vida, «porque donde esté tu tesoro, allí estará también tu corazón» (Mt. 6:21). El ejemplo de Bernabé en la historia de Hechos 4 nos muestra cómo Dios quiere usar los recursos que nos ha dado para ser de bendición a otros. Estar constantemente pensando en cómo podemos suplir alguna necesidad de otros es parte de entender nuestra identidad de iglesia como comunidad y no solo como salvación personal e individual (por ej.: «mi relación con Dios y nada más»).

Como veremos a continuación, colaborar con dinero no siempre es la mejor manera de ayudar a alguien. Estar dispuestos a ayudar requiere tomarnos el tiempo para conversar y conocer la situación de una persona para saber cuáles son las mejores maneras de hacerlo. Por ejemplo, alguien que constantemente es proclive a endeudarse probablemente no necesite dinero. Precisa instrucción y enseñanza sobre cómo manejar sus finanzas a la manera bíblica. Entonces, aunque no le daría efectivo a alguien con problemas de deudas, sí le compraría un libro o le pagaría la inscripción a algún curso bíblico especial sobre el tema. De esa manera, estoy invirtiendo dinero en el bienestar de mi hermano. Esa disposición para usar mi dinero de diferentes formas para auxiliar a mi hermano debe ser una constante manifestación de amor a mi prójimo.

En mi experiencia como pastor puedo decir que en muchas ocasiones recibí una ofrenda (a veces anónima) que, aunque no necesitaba, fue de ánimo para mí. El afecto y la motivación de una ayuda económica representa más que lo que ese dinero puede comprar. Es importante que como iglesia local tengamos reglas y principios bien establecidos sobre las ofrendas que se dan a un predicador invitado, misionero o a un miembro en necesidad. Los principios que se usan van desde colaborar para necesidades obvias hasta dar como un simple símbolo de amor y ánimo para la persona que recibe la ofrenda.

El dinero es útil y necesario en la vida de todos y no tiene que ser un ídolo o piedra de tropiezo, sino un recurso que usamos para la gloria de Dios. Como dice John Piper en *Dinero, sexo y poder*:

> El punto es mostrar (hablando de 2 Co. 8:2), a través de nuestro amor, que Dios nos satisface tanto que somos capaces de gozarnos más en dar que en recibir, que «más bienaventurado es dar que recibir» (Hch. 20:35). Nuestra esperanza es que los beneficiarios de nuestro gozo vean el verdadero regalo: es decir, una imagen de la gracia del Dios que todo lo satisface (Pág. 99).

> Atesorar a Dios sobre todas las cosas hace que nuestro dinero sea una forma de expresar amor y adoración. El planeta del dinero pasa a la órbita que Dios le ha asignado, y al hacerlo, refleja más intensamente la belleza de Dios a través de nuestra generosidad (Pág. 100).

Con tiempo

A veces, la mejor manera de mostrar amor a mi hermano en necesidad es simplemente dedicándole tiempo. Como pastor, es verdad que mi tiempo es limitado. Siempre tengo algo qué hacer y algo en qué trabajar. Debo ser equilibrado y sabio con el tiempo del que dispongo. Preciso cuidar y dedicar tiempo a mi familia y también trabajar y proveer para las necesidades físicas de mi hogar. Pero, como pastor y hermano en Cristo de una familia de fe, también tengo que dedicar tiempo de mi semana a las necesidades de la congregación.

Al escribir estas líneas, estoy en el proceso de obtener mi certificación en consejería bíblica ACBC, y la razón de ello es que quiero tomar en serio la responsabilidad no solo de dedicar tiempo para aconsejar a los que están en necesidad, sino también de entrenar a otros para poder aconsejar y discipular. Cuando me tomo el tiempo de recibir una llamada, ir a un funeral y orar con alguien que acaba de perder a un ser querido, paso horas aconsejando semanalmente a un matrimonio que está en crisis o simplemente acepto la invitación de ir a tomar un café con un hermano que quiere conversar y convivir, estoy comunicando que los amo y, por tanto, estoy dispuesto a brindarles gozosamente mi valioso tiempo.

La administración del tiempo es algo difícil y, para algunos de nosotros, también es difícil decir «no». Toda la vida cristiana consiste en un balance de cosas buenas que podemos descuidar o convertir en ídolos. El no administrar bien nuestro tiempo puede ser un descuido de un recurso valioso que Dios nos ha dado. Si estás leyendo este libro, espero que resulte un buen uso de tu tiempo. Pero también el tiempo puede ser un ídolo. Podemos estar celando nuestro tiempo de tal manera que nunca lo damos con generosidad. Muchas personas necesitan de nuestro tiempo en medio de sus pruebas y aflicciones, y aunque no podemos dárselo a todos porque es un recurso limitado, sí debemos poder brindar un porcentaje de nuestra semana y dedicarlo a atender las necesidades de otros.

El trabajo, el ministerio, la escuela y la familia pueden volverse el todo de nuestras vidas, y todo gira alrededor de nuestras necesidades. Pero Dios quiere que, sin descuidar la prioridad que tenemos de cuidar de nuestras propias familias (1 Ti. 5:8), también busquemos constantemente cómo dedicar tiempo a las necesidades de otros.

El reto de la vida en comunidad

Aunque no soy presbiteriano, tengo un profundo aprecio por mis hermanos presbiterianos con los que nuestra congregación colabora constantemente durante el año. Nosotros, como iglesia, creemos en el bautismo de creyentes y lo practicamos porque es el patrón que encontramos en el Nuevo Testamento. Pero algo que aprecio y valoro de los principios del bautismo de infantes dentro de la teología del pacto, es la idea de comunidad. El nacer dentro de una comunidad es un privilegio y una responsabilidad. El bautismo de infantes es una expresión de que lo que importa en la vida cristiana no es solamente nuestra identidad a un nivel individual, sino también nuestra identidad colectiva como pueblo de Dios.

Aunque no estoy convencido de que bautizar bebés haya sido una costumbre de la primera iglesia, creo que, en nuestra práctica del bautismo de creyentes en la actualidad, podemos ser más intencionales en reflejar la convicción de que el bautismo no es solo un símbolo de nuestra fe en Cristo y en Su obra perfecta en lugar nuestro, sino también de nuestra identificación con la familia de la fe, que ahora es nuestra verdadera y más profunda familia.

Sin embargo, esa identificación es fácil de descuidar cuando estamos viviendo vidas ocupadas con retos y aflicciones que parecen llenar cada segundo de nuestros días. Veo esto todo el tiempo en la iglesia. Hay personas que parecen tener problemas sin fin a lo largo de los años, y siempre están ocupando el tiempo de otros en la iglesia. Llega el momento cuando necesitamos detenernos y confrontar el hecho de que sus problemas personales se han convertido en un obstáculo permanente para ser de bendición a otros.

No quiero ser insensible a los problemas reales y serios por los que pasan las personas, pero tiene que haber avance en cómo Dios va dándonos Su consuelo y victoria en cualquier situación. Y la manera de medir ese avance normalmente es objetivo y tangible en cómo alguien puede ser útil a otros. Después de todo, Pablo dice que la razón por la que Dios nos consuela a nosotros es para que nosotros podamos consolar a otros (2 Co. 1:4). Piensa en eso seriamente. ¡Cada aflicción que vives, en la que Dios es tu consuelo, tiene el propósito de no quedarse en tu experiencia privada y personal sino transformarse en bendición al poder consolar a alguien más y así reflejar al mismo Dios que te consoló! Entre más sufras y seas afligido, más consuelo de Dios recibirás y más capacitado estarás para tener un ministerio de consolación hacia otros.

En esta primera parte estuvimos aprendiendo y meditando sobre la consolación al necesitado. Espero que hayas sido confrontado, y que lo que hemos visto hasta ahora te haga reflexionar y venir delante del Señor en oración, adoración, incluso arrepentimiento. En el próximo capítulo estaremos expandiendo lo que hemos aprendido, enfocándonos en la consolación al despreciado.

Preguntas de reflexión:

¿Puedes pensar en alguien que crees que se sentirá amado por medio de una llamada tuya solo para decirle que estás orando por él o ella?

¿Puedes pensar en alguien que se sentiría animado si le das una pequeña ofrenda o un pequeño regalo?

¿Cuánto tiempo has invertido esta semana (o recientemente) en alguien más que necesitaba consuelo? Describe abajo tu experiencia.

____

____

____

____

____

____

____

____

Parte 2

Consolación al despreciado
(Hch. 9:20-31)
Escepticismo vs. dar el beneficio de la duda

Principio

Como familia de Dios tenemos que reflejar la prioridad de asumir lo mejor en otros como manifestaciones de la continua obra de gracia para santificación de sus vidas.

Texto bíblico

Enseguida se puso a predicar de Jesús en las sinagogas, diciendo: «Él es el Hijo de Dios». Y todos los que lo escuchaban estaban asombrados y decían: «¿No es este el que en Jerusalén destruía a los que invocaban este nombre, y el que había venido aquí con este propósito: para llevarlos atados ante los principales sacerdotes?». Pero Saulo seguía fortaleciéndose y confundiendo a los judíos que habitaban en Damasco, demostrando que este Jesús es el Cristo.

Después de muchos días, los judíos tramaron deshacerse de él, pero su plan llegó al conocimiento de Saulo. Y aun vigilaban las puertas día y noche con el intento de matarlo;

pero sus discípulos lo tomaron de noche y lo sacaron por una abertura en la muralla, bajándolo en una canasta.

Cuando Saulo llegó a Jerusalén, trataba de juntarse con los discípulos; pero todos le temían, no creyendo que era discípulo. Pero Bernabé lo tomó y lo presentó a los apóstoles, y les contó cómo Saulo había visto al Señor en el camino, y que Él le había hablado, y cómo en Damasco había hablado con valor en el nombre de Jesús.

Y estaba con ellos moviéndose libremente en Jerusalén, hablando con valor en el nombre del Señor. También hablaba y discutía con los judíos helenistas; pero estos intentaban matarlo. Pero cuando los hermanos lo supieron, lo llevaron a Cesarea, y de allí lo enviaron a Tarso.

Entretanto la iglesia gozaba de paz por toda Judea, Galilea y Samaria, y era edificada; y andando en el temor del Señor y en la fortaleza del Espíritu Santo, seguía creciendo (Hch. 9:20-31).

Introducción: El encuentro de Pablo con Jesús

Al principio del capítulo 9 de Hechos leemos sobre la conversión de Saulo; cómo ocurrió este evento y cómo este hombre, que antes perseguía a la iglesia, tuvo un encuentro con Jesús, vio las realidades acerca de Él, pero quedó ciego. Dios le dijo que fuera y se encontrara con un hombre llamado Ananías, el cual iba a orar por él y su vista sería restaurada, y también sería bautizado.

Pablo hizo dos preguntas cuando tuvo su encuentro con Jesús, allí en Hechos 9.[2] La primera tiene que ver con quién es Dios.

2. La segunda pregunta no está en el manuscrito original griego de este pasaje, es algo que se agregó como una anotación posterior. La primera pregunta de Pablo es: «¿Quién eres, Señor?». Y la segunda está en el versículo 6:

Dice Saulo: «¿Quién eres, Señor?» (v. 5). Para que tú seas cristiano, tienes que ser confrontado con la persona de Jesús; tienes que ser confrontado con quién es este hombre, Jesús. Hay un aspecto doctrinal, de conocimiento acerca de Él que debes tener para ser salvo. ¿Quién era Jesús? Lo que te salva no es nada más que un entendimiento acerca de Dios, no es nada más que una doctrina acerca de Dios, sino que es una vida que pone su fe en ese Dios, que pone su confianza, deposita toda su esperanza en Él, y Jesús se convierte en el fundamento de esa vida que ahora se mueve a una nueva dimensión, y que pregunta: «¿Qué quieres que haga?» (v. 6).

Entonces, ¿ves cómo estas dos preguntas representan la vida cristiana? El conocimiento de Dios, la doctrina acerca de Dios, o sea, la fe. En teología sistemática, al conocimiento de Dios lo llamamos teología propia, que es: ¿Quién es Dios?, ¿cómo es Dios?, ¿qué nos dice la Biblia acerca de Dios y de Jesús? Esa es una parte, y después viene: ¿Qué quieres que yo haga?, o sea, la parte de las obras, de la acción.

Las dos partes importantes

Un verdadero cristiano tiene las dos partes; no puede haber fe sin obras. Las obras siempre van a venir como resultado de una fe genuina, siempre. No hay manera de evadir eso. Santiago es muy claro acerca de este punto (Stg. 2:18,20,26).

Estaba leyendo un libro en el que el autor (James Montgomery Boice), expresa en relación a este tema: «En la Biblia, la conversión

---

«¿Qué quieres que yo haga?». En la Nueva Biblia de las Américas, el versículo 6 no contiene esa parte. Empieza diciendo: «Levántate, entra en la ciudad, y se te dirá lo que debes hacer», y no tiene la parte de la pregunta. Pero Pablo, después explica que efectivamente sí hizo esa pregunta. Creo que Lucas no quería que estuviera en este punto todavía; pero estas dos preguntas son significativas porque nos revelan verdades acerca de la vida cristiana y de la conversión genuina de una persona.

se compara al nacimiento de una persona». En Juan 3, vemos lo que le dijo Jesús a Nicodemo: «tienes que nacer de nuevo». Entonces decía este autor: «Si comparamos la conversión con el nacimiento, entonces podemos imaginarnos qué pasa después de un nacimiento. Cuando una criatura nace, ¿qué sucede luego con ese bebé? ¿Qué tiene que hacer? Y si no lo hace, le dan una nalgada. Tiene que hacer ruido, tiene que llorar». Entonces, este autor comparaba la conversión con eso, decía: «Cuando tú naces de nuevo, algo tiene que suceder después, que es proclamar la convicción de lo que ahora crees. Vas a hablar acerca de tu fe, vas a decirles a otros lo que crees acerca de Jesús». Y eso es exactamente lo que pasa aquí con Pablo.

Saulo estuvo algunos días con los discípulos en Damasco. ¿Quiénes eran estos discípulos que estaban en Damasco? Eran los que él iba a perseguir originalmente. Estos eran los que él iba a meter en la cárcel. Él iba en camino a arrestarlos, y ahora pasa unos días con ellos como su nueva familia de fe. Dice: *Ahora ustedes son mis hermanos, ahora estamos juntos como una sola familia*. ¡Es increíble! Y luego continúa: «Enseguida se puso a predicar de Jesús en las sinagogas, diciendo: "Él es el Hijo de Dios"» (Hch. 9:20). ¿En qué sinagogas? ¿Te acuerdas que pidió unas cartas en Jerusalén para ir a Damasco? Esas cartas estaban diseñadas para que las sinagogas en Damasco lo apoyaran en su persecución a los cristianos. Y ahora llega él a estas mismas sinagogas que tenían la idea de que él venía a ayudarles a perseguir a los cristianos, a meterlos en la cárcel, pero en cambio ahora llega diciéndoles: *Jesús es el Hijo de Dios. Él es el Camino*. Los cristianos eran llamados «los del Camino», porque proclamaban que «el Camino» era Jesús (ver Hch. 19:9, 23; 22:4; 24:14, 22) .

Todos los que le oían estaban atónitos. Me hubiera encantado ver la reacción de los líderes de estas sinagogas. Yo me imagino que, al principio, han de haber dicho: *Creo que se equivocaron sobre*

Saulo. El Saulo que nos enviaron no era el Saulo que se supone que nos tenían que enviar, porque el Saulo que nos iban a enviar no venía diciendo estas cosas. A lo mejor es un cristiano de incógnito, que está infiltrando. ¿Qué pasó? ¿Por qué está hablando de estas cosas? Y Lucas es muy claro cuando dice: «¿No es este el que asolaba en Jerusalén a los que invocaban este nombre, y a eso vino acá, para llevarlos presos ante los principales sacerdotes?» (Hch. 9:21, RVR1960). Pero Saulo se esforzaba mucho más, y todavía Lucas es muy claro en decir: «Y confundía a los judíos que moraban en Damasco» (v. 22).

A ver, a ver, a ver, ¿qué pasó aquí? Este hombre no es el hombre del cual nosotros habíamos escuchado. Algo raro está sucediendo. No tiene sentido lo que estamos escuchando. ¿Por qué dicen esto ellos? Porque ellos no han escuchado acerca de su conversión. Ellos solo lo están escuchando proclamar el evangelio.

Dos convicciones radicales

Pablo está predicando convicciones radicales y, esencialmente, son dos. Una es que Jesús es el Hijo de Dios, y la segunda es que Jesús es el Cristo. Esas dos cosas, creo que son las más importantes aquí, y vamos a ver qué significan. El versículo 23 dice: «Después de muchos días, los judíos tramaron deshacerse de él». El perseguidor ahora es el perseguido. Justamente lo que él hacía, ahora se lo están haciendo a él.

El punto es este: los líderes judíos estaban tan enojados con Saulo que ponen guardias afuera de donde él está en la ciudad, para que en el momento en que salga, sea de día o de noche, puedan matarlo. Solo están esperando que salga para atraparlo. Entonces, los discípulos escuchan acerca de este plan, y la manera de darle la vuelta es sacarlo de la ciudad en una canasta por la ventana.

En el versículo 26 leemos: «Cuando Saulo llegó a Jerusalén...». Sin embargo, al principio del versículo 23 dice: «Después de muchos días». Entonces ¿de cuántos días se trata? ¿Diez días? ¿Quince días? ¿Cuánto tiempo pasó aquí? En Gálatas 1 Pablo manifiesta cuánto tiempo transcurrió. ¿Saben cuánto tiempo pasó entre su conversión y lo que sigue en el versículo 26? Pablo mismo dice que fueron tres años (Gá. 1:18). Él dice que fue a Arabia y a Damasco, y allí pasó tres años antes de ir a Jerusalén y conocer a Pedro. Entonces, ya tenemos un panorama de cuánto tiempo estamos hablando. A veces, la Biblia es muy resumida en los eventos que relata. No nos da todos los detalles. ¡Imagínense cuántas cosas suceden en tres años! Por eso es que ya llevan tiempo de conocerlo a él y su doctrina, ya ha habido suficiente tiempo de que se enojen muchísimo con él y que lo consideren enemigo y quieran matarlo.

Pablo en Jerusalén

Lo que sigue, el versículo 26, es que ahora se va y llega a Jerusalén. Podemos imaginarnos todas estas historias, pues el texto es muy descriptivo. Trataba de juntarse con los discípulos. *¿Me dejan entrar, me dejan ser parte de su grupo?* Y los discípulos le tienen miedo. *No, no te dejamos. No creemos que seas salvo. No creemos que deberías ser uno de nosotros. Creemos que cambiaste tu estrategia, más bien. Creemos que te estás haciendo pasar como un cristiano para lograr entrar en nuestras iglesias, identificarnos por familia, saber dónde vivimos, y luego irás y nos arrestarás.* Sospechan mucho de este hombre porque... ¿qué estaba haciendo la última vez que estuvo en Jerusalén? Matando y metiendo en la cárcel a los cristianos. Eso es lo último que supieron acerca de él. Seguramente les había llegado el rumor de que algo había pasado y que andaba en Damasco predicando y juntándose con los cristianos, pero los de Jerusalén no estaban convencidos.

Yo me imagino cómo sería en una iglesia de hoy, que tiene el letrero con los horarios afuera anunciando: «Reuniones los domingos a las 11». Y me imagino cómo habría sido si Saulo hubiera estado en este contexto, y llegara un día a una iglesia y preguntara para confirmar a qué hora son los servicios. Alguien lo vería y pensaría: *Yo sé quién es este hombre. ¿Le digo a qué hora nos reunimos o le digo otra hora para desorientarlo para que no llegue y nos haga daño? ¿Le digo: «Perdón, es que se canceló servicio», o qué hago?* Me lo imagino llegando a las casas, porque los cristianos se reunían en casas, principalmente. Me lo imagino investigando: *¿En qué casa es el estudio bíblico?* Y llega él con sus pergaminos del Antiguo Testamento, listo para el estudio bíblico, y toca la puerta, y alguien se asoma, lo ve y les dice a los demás: *¡Apaguen las luces, no vayan a abrir!* Y él esperando afuera, emocionado: *¡Hey! ¡Oigan, ya llegué al estudio!* ¿Se dan cuenta de lo difícil que era esta situación para él? No le creen, tienen desconfianza de este hombre que ha causado tanto daño a la iglesia hasta este punto.

«Pero Bernabé»

Me encanta porque el versículo 27 (recuerda: estamos en Hechos 9) dice: «Pero Bernabé». Lucas ya nos había presentado a Bernabé en Hechos 4:36. Nos había dicho que el sobrenombre Bernabé significaba «hijo de consolación». Es el que vendió el terreno para dar el dinero a los pobres, y es contrastado con Ananías y Safira en el capítulo 5. Es lo único que sabíamos de Bernabé hasta este punto.

Ahora regresa Bernabé, y Bernabé es el único que le da el beneficio de la duda a Pablo. Bernabé es el único que dice: *Yo creo que algo pasó aquí. Yo creo que tu conversión, Pablo, es genuina.* Y hace todo lo posible por convencer a los demás de que lo dejen ser parte de la iglesia. Lo toma, lo trae a los apóstoles, les cuenta la historia. *¡Miren! Saulo vio al Señor en el camino a Damasco, y*

Él le habló. Y desde entonces ha estado predicando a Jesús por donde quiera que va.

Al leer este pasaje siento un poquito de tristeza en mi corazón porque pienso en la iglesia y, en general, en el ambiente que a veces existe en las comunidades de fe. Me doy cuenta de la clase de hombre que es Bernabé. Es el que anima a los demás, es el que consuela a los demás, es el que siempre tiene una perspectiva positiva acerca de lo que Dios está haciendo. Por eso tenía ese apodo. Cuando yo estaba leyendo eso, pensaba: *Señor, creo que necesitamos más Bernabés en nuestra iglesia. Creo que no hay suficientes Bernabés.* Evidentemente, en la primera iglesia no había suficientes Bernabés, porque lo vemos solo. Únicamente se menciona que él defendió a Pablo.

El espíritu de Bernabé y nosotros

¿Qué clase de ambiente se genera entre nosotros? Por lo regular, se adopta una actitud de crítica. *Es que este hermano es así y el otro hermano es de este otro modo… ¿Qué me va a enseñar él? ¿Cómo va a ser él ejemplo para mí? A él, yo no lo respeto.* Y de pronto, vemos toda una categoría de gente en la iglesia donde todos tenemos fallas, todos tenemos luchas, todos estamos creciendo en la vida cristiana, y somos muy críticos unos con otros. No existe el espíritu de Bernabé, de levantarnos mutuamente, de animarnos a seguir adelante en la vida cristiana. Y de no ver nada más, no ver cómo Dios puede transformar a quien sea.

Piensa en la peor persona que conoces. La que menos crees que podría ser cristiana. Dios puede transformarla. ¡Créelo! Pero no es nada más el proceso de justificación, lo que es obra de Dios. El proceso de santificación también es obra de Dios. Y todos estamos en una batalla continua en la santificación. ¿Cómo nos animamos mutuamente en ese proceso? Nos levantamos unos a otros, nos animamos, nos confortamos, nos consolamos unos a otros. Necesitamos ser como Bernabé. Es el único que le daba crédito a Pablo. Es el único que decía: *Vamos a darle oportunidad. No le tengan miedo. A lo mejor Dios está actuando en él de una manera sobrenatural.*

¿Cómo mostramos la gracia de Dios? ¿Cómo reflejamos la manera en que Dios ha sido con nosotros? ¿Cómo la reflejamos hacia los demás? Esto me confrontó a mí. ¿Podrían apodarme *a mí* «hijo de consolación»? ¿Esa podría ser la manera en que la gente me describiera a mí? ¿Podrían decir de mí que siempre estoy consolando, siempre estoy animando, siempre estoy dando palabras de ánimo, siempre estoy viendo lo que Dios sí ha hecho?

El proceso de santificación es así. Dios cambia a una persona, la justifica, y empieza a haber una transformación. Pero ese cambio es gradual, y nunca llegaremos a la perfección hasta que estemos en la eternidad. Entonces, todos los que estamos en cualquier iglesia tenemos fallas. Tenemos errores, tenemos luchas, hacemos cosas que no deberíamos hacer. Sí, ¡todos! Y nos damos cuenta de cuáles son esas cosas. Pero, en vez de ver dónde estamos fallando y criticar esas luchas, deberíamos notar hasta dónde nos ha traído Dios ya. Y no es solo que yo diga eso sobre mi vida. Es que yo lo pueda decir sobre la tuya. Para eso está la iglesia, para apoyarnos y ver la manera en que Dios está trabajando para cambiar nuestros corazones.

Un hombre transformado

Ahora Saulo está en Jerusalén y, de nuevo, va a la sinagoga. Allí habla acerca de Jesús con entusiasmo ante los mismos que lo enviaron. Recuerden, la última vez que estuvo ahí, estaba solicitando cartas para ir a Damasco a perseguir a los cristianos. Ahora, lo escuchan defender el nombre de Jesús. Disputaba con los griegos, con los helenistas, precisamente los mismos que habían enjuiciado a Esteban y lo habían matado (Hch. 7). Ahora son ellos quienes escuchan a este hombre, que los había animado a matar a Esteban, decir lo mismo que dijo Esteban, lo que los enfureció en primer lugar y luego les hizo querer matar a Pablo. Pablo regresa y retoma justo donde Esteban se quedó. Les está diciendo: *Por cierto, ¿recuerdan todo lo que dijo Esteban? Era verdad.* Obviamente, el resultado es que quieren matarlo, nuevamente.

Una de las mayores evidencias para el cristianismo es la conversión de Saulo. ¿Cómo alguien que perseguía a la iglesia ahora es el principal promotor de la fe cristiana? No hay explicación. ¿Qué ganaba Pablo? Lo único que ganaba era que lo quisieran matar. Eso es lo único. Lo único que está logrando es poner en peligro su vida. Y, sin embargo, aquí está, proclamando valientemente el nombre de Jesús. Entonces, cuando se enteran de que lo quieren matar, lo envían hasta Cesarea y luego a Tarso, que era su ciudad natal. Probablemente es donde iba a estar más a salvo; ahí es donde estaba su familia, donde ahora podía permanecer sin tanto peligro para su vida.

Pablo ya estaba muy activo pero, sin embargo, Dios todavía quería prepararlo aún más. Algo muy interesante en la cronología de Hechos es cuánto tiempo pasó desde esto que estamos leyendo ahora hasta que Pablo y Bernabé fueron encomendados oficialmente como misioneros. Fueron unos 10 años. De aquí a que Pablo saliera en su primer viaje misionero van a pasar 10 años. Los tiempos del Señor, la manera en que Él nos prepara es muy específica y tenemos que ser pacientes. Muchas veces somos muy impacientes. Yo no sé si Pablo aquí estaba diciéndoles: *¿No quieren enviarme a otros lugares para compartir este mensaje?* No sé si hizo eso; es solo mi imaginación. Pero Dios todavía quería prepararlo otros diez años antes de llevar, a través del Espíritu Santo, este mensaje desde Antioquía (el tema de Hechos 13). El Espíritu Santo les dice en Antioquía: «Aparten a Bernabé y a Saulo para la obra a la que los he llamado».

Pero en este momento de la historia, las iglesias tenían paz por toda Judea, Galilea y Samaria, y eran edificadas, andando en el temor del Señor, y se acrecentaban, fortalecidas por el Espíritu Santo. A pesar de la persecución, a pesar de todo lo que está sucediendo, la iglesia empieza a crecer. Y a pesar de todo eso, la iglesia tiene paz. ¡Es increíble! Y eso lo vemos en contraste con el temor de Dios. Pensaríamos que el temor no llevaría a tener paz; temor es temor. Pero el temor de Dios sí lleva a tener paz porque el temor de Dios es un tipo de temor que admira al Dios que tenemos, que se asombra constantemente de las cosas que este Dios hace y nos maravillamos al contemplarlo. Esa es la clase de temor de Dios, de una fe genuina que no lo toma a la ligera, la que no dice: *Yo creo que hay alguien allá afuera, sentado en las nubes y creo que sí nos ve, y quién sabe qué querrá y cómo será, pero creo que está allá arriba*. Eso no es el temor de Dios del que habla la Biblia. El temor de Dios es un temor que ve los atributos de Dios y está en constante admiración y respeto por ese Dios y que quiere someterse a ese Dios. Y eso lleva a tener paz porque ese es el Dios en cuyas manos estamos, un Dios soberano, un Dios que tiene el control de todas las cosas, aun cuando nuestra vida corre peligro.

Jesús es el Hijo de Dios

Hay dos frases en el texto de Hechos 9 que son muy importantes. La primera está en el versículo 20, se refiere a lo que estaba proclamando Pablo. Lucas, al escribir esto, no nos da todos los detalles sobre lo que Pablo estaba diciendo, solo nos da el resumen, que es: Jesús es el Hijo de Dios. Es la única vez en el libro de Hechos que se hace referencia a Jesús como el Hijo de Dios. No en la Biblia, sino en el libro de Hechos. En los Evangelios muchas veces se menciona eso. ¿Qué significa cuando decimos que Jesús es el Hijo de Dios? Esta es la nueva convicción de Pablo:

1. Jesús es Dios

La segunda parte de la nueva convicción de Pablo es que Jesús era el Cristo. ¿Qué significa Cristo? Significa el Mesías, el ungido. Cristo es la palabra en griego; Mesías es en hebreo. Cristo es el Mesías, el escogido de Dios.

2. Jesús es el Cristo

Pablo conocía su Antiguo Testamento, sí, conocía el Antiguo Testamento increíblemente bien. Había sido educado toda su vida para ser un maestro de la ley. Sabía perfectamente lo que decía. Pero hasta ese punto, probablemente antes de su conversión, él pensaba lo que la mayoría de los judíos pensaba acerca de Jesús. *Cuando venga el Mesías, nos liberará de los romanos, de la opresión de los romanos*. Entonces, para Pablo, en su mente, probablemente tenía sentido perseguir a los cristianos porque decía: *Ese no era el Mesías. No nos liberó. Lo mataron. Entonces, es un impostor. Dijo que era el Mesías, pero no lo es*. Eso probablemente era lo que estaba en la mente de Pablo cuando pensaba acerca de Jesús hasta ese punto. Pero ahora ha sido confrontado con una nueva realidad. Y entonces, empieza a hacer conexiones y comienza a decir: *A ver, todo esto que he estado leyendo en el Antiguo Testamento, creo que sí se conecta con Él de una manera increíble, en la cual Él cumple todo lo que se había dicho acerca del Mesías.*

Esta es la convicción profunda y real que ha traído un cambio de 180 grados a la vida de Pablo. Esta es la convicción que Bernabé puede ver y que sabe que puede ser de bendición para la primera iglesia. Él sabe que Dios va a usar a Pablo de una manera poderosa y sobrenatural, aunque no entiende realmente qué tan grande es el papel que este recién convertido tendrá en la expansión del reino y en el establecimiento del fundamento de la doctrina apostólica.

Poniéndolo en práctica en nuestra vida

Nuestra tendencia natural es a asumir lo peor en otros. Especialmente si han hecho algo para merecer esa reputación. En la iglesia hay muchos que tienen un pasado muy complicado. Un pasado lleno de malas decisiones que conllevan consecuencias que cargan el resto de sus vidas. En nuestra propia iglesia he visto las luchas de personas que vienen de varios matrimonios fallidos y descuido a sus hijos. Todo eso significa que cuando vienen a Cristo, aunque sus pecados son perdonados y aunque buscan restaurar relaciones del pasado, siguen sufriendo el dolor y las consecuencias de una vida de rebeldía contra Dios. Hay gente que fue muy violenta en el pasado y que, inclusive, abusaron de otros de todas formas, hasta sexualmente.

La pregunta más importante para una iglesia llena de historias complejas de quebrantamiento y dolor es, ¿hasta dónde llega la gracia de Dios? ¿Cómo se ve una iglesia que entiende que alguien ya ha sido perdonado por el sacrificio perfecto de Cristo y está en el proceso gradual de santificación? Podemos ser extremadamente impacientes y duros con aquellos que no crecieron en un hogar cristiano como nosotros. Podemos pensar que si el pecado con el que lucha otra persona es diferente al nuestro, es incomprensible e inaceptable. No estoy abogando por una cultura de tolerancia y libertinaje en cuanto al pecado, pero sí contra una cultura que reacciona, sataniza y señala ciertos pecados en comparación con otros, sin mostrar la gracia que hemos recibido y sin tomar en cuenta la realidad de la santificación progresiva.

Un sentido desproporcionado del pecado

Es verdad que todo pecado nos separa de Dios. Hay un sentido en el que todos los pecados son iguales, porque todos los pecados son infinitamente serios para un Dios santo. Nos cuesta trabajo pensar que el que violó y asesinó a una niña recibe la misma condenación eterna que el que fue mentiroso o el que tuvo pensamientos de lujuria. Todos los pecados que cometemos son pecados contra un Dios infinitamente santo y glorioso y, por lo tanto, merecen un castigo infinitamente severo y eterno.

Aunque esto es verdad, también es cierto que Dios es perfectamente justo, y por lo tanto, también castigará los diferentes pecados en diferentes maneras. Pero todos los pecados, sin excepción pueden ser perdonados perfecta y justamente si hay arrepentimiento genuino y fe que busca la asombrosa misericordia que Dios ofrece a través del sacrifico de Jesús por nosotros.

Ahora que hemos establecido que la justicia de Dios es perfecta, podemos contrastar esa justicia con nuestra propia percepción y juicio del pecado de otros. Hay muchos pecados que hemos convertido en «pecados aceptables» y otros pecados que consideramos «inaceptables» en la cultura evangélica. Lo interesante es que, a veces, los «pecados inaceptables» ni siquiera son pecados.

Por ejemplo, ¿qué pensaríamos de un cristiano que vemos fumando un cigarro de tabaco? Probablemente no lo veríamos bien y algunos hasta cuestionarían su salvación. Pero fumar solo es pecado en relación a las cosas que nos dañan y afectan físicamente. Hacer algo que no es bueno para la salud es descuidar el templo del Espíritu Santo (1 Co. 6:19), pero solo es un mal hábito, en realidad. Todos hacemos muchas cosas que no son buenas para nuestra salud. Algunos no comemos una dieta adecuada ni tampoco hacemos suficiente ejercicio. ¿Realmente debemos escandalizarnos por un cristiano que fuma, en cuanto al alcance y las consecuencias que tiene ese hábito en contraste con otros pecados mucho más dañinos para la iglesia?

Probablemente nos sorprenderíamos si escucháramos a un cristiano decir alguna grosería, y con justa razón. La Biblia dice que daremos cuenta de toda palabra vana (Mt. 12:36; Col. 3:8). Pero ¿cómo se compara una grosería con mentir sobre un hermano o difamarlo? Sembrar discordia entre hermanos es una de las siete cosas que Dios odia (Pr. 6:19).

Solo doy estos ejemplos para mostrar que hemos creado una cultura evangélica que no tiene un sentido balanceado sobre la gravedad del pecado. Minimizamos los pecados comunes de la iglesia y maximizamos los pecados que normalmente no vemos dentro de la iglesia. Esto hace que tengamos un sentido de santidad falsa, donde cumplimos solo con evitar la lista de pecados «inaceptables».

Hijos de Consolación: Aprendiendo a dar el beneficio de la duda

¿Qué es lo primero que pensamos sobre alguien que nos ha dañado, ofendido o ha pecado de alguna forma no solo contra nosotros sino en general en el pasado? La actitud natural es asumir lo peor, aun cuando esa persona diga estar arrepentida y haber experimentado la gracia y el perdón de Dios. Nuestra actitud comúnmente es de escepticismo, rechazo y desprecio.

Esto es exactamente lo que sucedió con Saulo de Tarso. En su camino hacia Damasco, Saulo intentaba encarcelar y oprimir a más cristianos y, de esa manera, expresar su celo por el Dios del Antiguo Testamento, despreciando el mensaje de un Mesías crucificado. Pero su viaje fue interrumpido por la aparición de Jesús resucitado, quien se identificó con Su amada iglesia al decir: «Saulo, Saulo, ¿por qué me persigues?» (Hch. 9:4).

Este encuentro con Jesús transformó su vida y su cosmovisión para siempre. A partir de ese momento, lo que él antes odiaba, ahora lo amaba. Lo que despreciaba se convirtió en su tesoro. Naturalmente, después de pasar unos días con Ananías, quien requirió de un mensajero de Dios para saber que podía recibir a Saulo sin temor, Saulo quería conocer y reunirse con los líderes de la primera iglesia, con los mismos apóstoles.

Aquí es donde encontramos la típica respuesta de duda, escepticismo y hasta desprecio de parte de la iglesia para un pecador arrepentido y genuinamente transformado. Podemos decir que nosotros tendríamos una actitud diferente, pero debemos recordar que la fama de este hombre era por causa de su pasión por perseguir y encerrar a cristianos. Saulo fue quien contempló y apoyó el martirio de Esteban al guardar las túnicas de los que lo apedreaban.

Pongámonos en el lugar de los apóstoles por un momento. El hombre que participó en el asesinato de uno de nuestros queridos amigos, un varón de Dios, y probablemente también tuviera parte en el encarcelamiento y asesinato de muchos otros conocidos, ahora quiere visitar nuestra iglesia. Leemos en Hechos 9:26:

> Cuando Saulo llegó a Jerusalén, trataba de juntarse con los discípulos; pero todos le temían, no creyendo que era discípulo.

Nosotros también habríamos cuestionado si Saulo era un discípulo genuino o si solo había cambiado de estrategia para perseguir a los cristianos al hacerse pasar por uno de ellos y entonces así poder delatarlos y encerrarlos más fácilmente.

Me imagino las conversaciones entre los miembros de la iglesia de Jerusalén diciendo que no valía la pena el riesgo que representaba el abrirle las puertas al peor enemigo de la iglesia hasta ese punto de la historia. Aquí es donde entra el maravilloso ministerio de Bernabé como hijo de consolación:

> Pero Bernabé lo tomó y lo presentó a los apóstoles, y les contó cómo Saulo había visto al Señor en el camino, y que Él le había hablado, y cómo en Damasco había hablado con valor en el nombre de Jesús. Y estaba con ellos moviéndose

libremente en Jerusalén, hablando con valor en el nombre del Señor (Hch. 9:27-28).

Bernabé es el único que registra Lucas específicamente que está dispuesto a arriesgar su propia reputación con los apóstoles para respaldar a Saulo.

«Pero Bernabé...». ¿No es increíble que siempre que parece haber un obstáculo al plan que Dios está desarrollando para ser glorificado hay un «pero...»? Existían muchas razones lógicas para rechazar y despreciar a Saulo. En primer lugar, Esteban era muy cercano e íntimo amigo de todos los apóstoles. Saulo es un hombre que participó activamente en su martirio. Saulo cuidó la ropa de los que estaban matándolo al arrojar piedra tras piedra. Saulo es el hombre que encerró a cristiano tras cristiano, probablemente amigos y familiares de los que ahora él busca para tener comunión con ellos. Los pecados de Saulo eran graves. No eran cosas menores. Este es un hombre que ha causado mucho dolor y tristeza a la iglesia.

La importancia de dar el beneficio de la duda

«Pero Bernabé (o cualquier nombre)» es la frase que queremos escuchar cuando alguien tiene el valor de abogar por el que está siendo despreciado.

En el libro de Hechos vemos que en cada historia en la que Bernabé está involucrado siempre está abogando por alguien más. Siempre está diciendo *denle chance* (así diríamos «denle otra oportunidad» en México). ¿Hay razones para dudar de otros? Siempre. Pero la gracia no se basa en lo que merecemos, sino en lo que Dios nos ofrece y ya ha hecho por nosotros. Entonces debemos buscar maneras de reflejar la gracia que hemos recibido en cada oportunidad que tengamos. Una de las maneras más obvias de reflejar la gracia es cuando alguien nos ha dado razones para dudar de ellos y aun así les damos nuestro voto de confianza.

Por supuesto, estamos hablando de diferentes niveles de confianza y una progresión en esa confianza que se va confirmando con el tiempo. Pero tenemos que estar conscientes que todos van a fallar y van a desilusionarnos en algún momento. Al ir conociendo a alguien, tarde o temprano nos sentiremos decepcionados. Esto lo experimentamos en el matrimonio y también lo vivimos en todas nuestras relaciones de iglesia y ministeriales.

El problema con el que nos encontramos una y otra vez es que cuando alguien hace algo que nos molesta, o cuando simplemente tienen una personalidad diferente a la nuestra, es fácil que nuestra percepción de la persona se nuble y se vuelva muy subjetiva. De pronto, cualquier detalle, cualquier actitud, se vuelve un problema más grande y serio de lo que realmente es.

Tenemos un verdadero reto delante de nosotros. ¿Cómo trato con amor y gracia a alguien que me incomoda y con quien no disfruto estar, sin ser un hipócrita? ¿Debo simplemente aparentar amabilidad aunque no sienta un aprecio genuino?

He visto esto en la iglesia una y otra vez a lo largo de los años. Todos conocemos personas con las que nos cuesta trabajo tener una amistad real. Entonces, nuestra tendencia es fingir que nos agrada y que no tenemos problema, o simplemente ser transparentes y evadir esas relaciones. Ambas actitudes son fáciles de justificar. Si somos hipócritas, por lo menos estamos tratando de hacer lo correcto externamente, aunque en el interior nos cueste. Si somos groseros o indiferentes, por lo menos estamos siendo honestos sobre nuestros sentimientos. Ambas actitudes están mal. Ninguna de estas actitudes son un reflejo consistente del evangelio. Necesitamos arrepentirnos de ambas. Bernabé es un ejemplo de gracia genuina que lo llevó a ser intencional en construir y fortalecer relaciones ministeriales. Para dar el beneficio de la duda en lugar de llenarnos de escepticismo necesitamos cambiar nuestras actitudes, que son una consecuencia de nuestra tendencia natural a dudar y a desconfiar de nuestros hermanos.

¿Qué hacer para cambiar las actitudes erróneas hacia otros?

1. Orar por ellos

Es fácil orar por la gente más cercana a nosotros. Es fácil orar por los que son nuestros amigos. Pero ¿qué tan seguido oramos por nuestros enemigos? Jesús dijo que una de las características principales de un verdadero cristiano es cómo responde a los que le hacen mal:

> Ustedes han oído que se dijo: «Amarás a tu prójimo y odiarás a tu enemigo». Pero Yo les digo: amen a sus enemigos y oren por los que los persiguen, para que ustedes sean hijos de su Padre que está en los cielos; porque Él hace salir Su sol sobre malos y buenos, y llover sobre justos e injustos. Porque si ustedes aman a los que los aman, ¿qué recompensa tienen? ¿No hacen también lo mismo los recaudadores de impuestos? Y si saludan solamente a sus hermanos, ¿qué hacen más que otros? ¿No hacen también lo mismo los gentiles? Por tanto, sean ustedes perfectos como su Padre celestial es perfecto (Mt. 5:43-48).

Podemos decir que amamos a nuestros enemigos, pero si nunca oramos por ellos, ¿realmente estamos amándolos? Nuestra definición de amor muchas veces no es la definición bíblica del amor. Nuestra definición de amor muchas veces tiene más en común con la definición de indiferencia. *Yo no me meto con él (o ella), y él (o ella) no se mete conmigo. Así lo llevamos bien.* Evadir a alguien y mantener nuestra distancia con esa persona no es amarla. Y tal vez sea difícil tener un acercamiento real y natural con alguien que nos ha hecho mal o con quien hemos tenido una diferencia significativa, pero la oración es el punto de partida para un cambio.

Cuando tengo sentimientos negativos hacia alguien, eso empieza a consumir mi tiempo durante el día, al pensar y repasar todas las cosas que me hacen sentir así, y sigo alimentando el fuego de mis críticas y juicios hacia esa persona. Cuando tengo un problema con alguien, ni siquiera soy productivo. Estoy distraído pensando en todas las maneras en que esa persona está equivocada y en cómo mi opinión y actitud superior deben corregirla y confrontarla. Puede ser que haya buenas razones para tener problemas con estas personas. Pero ¿cuál es el paso siguiente para resolver el conflicto? Nuestra inclinación natural, muchas veces, es querer que el siguiente paso sea confrontar. Alguien hizo algo que creemos que está mal, entonces, vamos a confrontarlo.

Pero de acuerdo con lo que dijo Jesús en Mateo 5, el amar comienza con la oración. Si alguien hizo algo que me molesta, primero debo recordar que el único que puede producir un cambio real en nuestro corazón es Dios. Tengo que aprender dependencia en Dios en medio de mis sentimientos de injusticia y de mi motivación para hacer algo al respecto. Cuando oro por alguien, mis sentimientos de enojo y de amargura inmediatamente comienzan a cambiar. Es difícil odiar a alguien en quien deseas ver el poder transformador de la gracia de Dios.

Aquí va un ejemplo de una oración breve por nuestros enemigos:

> *Señor, tú sabes que la actitud de esta persona me hace enojar. Tú sabes que estuvo mal. Yo sé que no merece otra oportunidad, pero ayúdame a reflejar tu gracia en la manera en que la trato y te pido que trabajes en ella así como trabajas en cada uno de tus hijos, para que te reflejemos cada día más.*

2. Buscar animar en gracia

¿Qué es lo primero que voy a decirle a esta persona la próxima vez que la vea? *Ya oré por ella. Ahora, cuando la vea, la confrontaré y le diré lo que necesita escuchar.* Esto es lo que normalmente haríamos cuando queremos hacer que alguien vea su error. La urgencia de la confrontación nos hace ser impacientes para llegar a ese punto.

Pero algo que he aprendido de Pablo en 1 Corintios es que, a pesar de ser probablemente la más problemática de todas las iglesias en el Nuevo Testamento, y claramente una iglesia que traía mucha frustración y enojo a su vida, él casi siempre comienza cada sección de la carta con algunas palabras de ánimo y esperanza.

Antes de decirles que están mal por las divisiones que hay entre ellos (1:10-13), los anima con las siguientes palabras:

> Siempre doy gracias a mi Dios por ustedes, por la gracia de Dios que les fue dada en Cristo Jesús. Porque en todo ustedes fueron enriquecidos en Él, en toda palabra y en todo conocimiento, así como el testimonio acerca de Cristo fue confirmado en ustedes; de manera que nada les falta en ningún don, esperando ansiosamente la revelación de nuestro Señor Jesucristo. Él también los confirmará hasta el fin, para que sean irreprensibles en el día de nuestro Señor Jesucristo. Fiel es Dios, por medio de quien fueron llamados a la comunión con Su Hijo Jesucristo, nuestro Señor. (1 Co. 1:4-9)

Antes de regañarlos por su arrogancia (4:18), les aclara su sentir y motivación para con ellos:

> No les escribo esto para avergonzarlos, sino para amonestarlos como a hijos míos amados (1 Co. 4:14).

Antes de explicarles cómo están menospreciando el valor de la cena del Señor y de la unidad de la iglesia (11:17-34), les da unas palabras de ánimo:

> Los alabo porque en todo se acuerdan de mí y guardan las tradiciones con firmeza, tal como yo se las entregué (1 Co. 11:2).

Si Pablo podía encontrar cosas buenas que decir de los Corintios, estoy seguro que nosotros podemos encontrar cosas buenas que decir incluso sobre las personas más difíciles de nuestras iglesias.

No significa que ignoramos los problemas o que minimizamos los pecados, sino que buscamos muestras de la gracia de Dios en las vidas de nuestros hermanos y manifestamos la esperanza que tenemos en que Dios puede hacer la obra en quien sea que Él quiera hacerla.

Así que antes de confrontar, pensemos en algo genuino que podamos decir sobre las evidencias de la gracia de Dios en esa persona. Y si no podemos pensar en nada bueno (lo cual aunque es posible, creo que sería inusual), entonces podemos hablar de la esperanza que tenemos de que si somos de Dios, Él está haciendo una obra en nosotros y la terminará. El cambio es posible. Esto establece claramente la relación de «hermanos», como parte de la misma familia, y que nos une de una manera muy especial. El pastor Mark Dever dice:

> Hay momentos para regañar, pero del 80 al 90 % de lo que esperas corregir puede lograrse mediante el ánimo.[3]

---

3. Dever, Mark, *Discipular: Cómo ayudar a otros a seguir a Jesús* (Washington D. C.: 9Marks, 2016), 123.

Las primeras oraciones de una confrontación bíblica podrían sonar algo así:

> *Hola, hermano. Quería conversar contigo sobre un asunto. Pero primero, solo quiero que sepas que te aprecio y que veo la obra que Dios está haciendo en tu vida. He visto cambios que me animan y me llenan de gozo porque veo cómo Dios te usa para Su reino. Es mi responsabilidad como tu hermano, y porque te amo, decirte cuando veo algo que creo que está mal y que, a veces, nosotros mismos no percibimos. Yo también necesito ser confrontado en áreas de mi vida que son puntos ciegos. He observado en ti... (área de confrontación en amor).*

Tenemos que preguntarnos siempre si lo que estamos diciendo está impartiendo gracia.

> No salga de la boca de ustedes ninguna palabra mala, sino solo la que sea buena para edificación, según la necesidad del momento, para que imparta gracia a los que escuchan (Ef. 4:29).

Esto solo es un ejemplo de cómo he tratado de aplicar la confrontación que Pablo hacía en sus cartas, y que creo es un reflejo de la influencia de Bernabé en su vida. Creo que Pablo aprendió a animar a otros al pasar tiempo con Bernabé, quien siempre estaba animándolo a él y a otros a su alrededor.

3. Confrontar

La Biblia nos llama a la confrontación. El ver la paja en el ojo de nuestro hermano no es un problema. El problema es no ver la viga en nuestro propio ojo primero (Mt. 7:1-6). Si yo soy consciente de la gracia de Dios en mi vida y sobre la gravedad de mi propio pecado primero, entonces estoy en posición de poder ayudar a otros. No los voy a ayudar como alguien que es superior moralmente, menos culpable, sino como alguien que está en la misma situación de necesitar el perdón y la gracia de Dios. Esta perspectiva va a transformar mi actitud de una exhortación de juicio y arrogancia a una exhortación llena de amor y gracia.

En una confrontación bíblica entre hermanos no hay razón ni lugar para gritar, insultar, burlarse, usar sarcasmo o menospreciar. Si sé que estoy enojado y mis sentimientos van a dominar mi actitud, entonces debo regresar al paso 1 hasta tranquilizarme. La confrontación es algo que no debe salirse de control. Si voy a confrontar a alguien debo asegurarme de mostrar paciencia y dominio propio en el poder del Espíritu. No siempre será posible evitar que los temperamentos exploten, pero que sean los de la otra persona, no los míos.

A estas alturas estoy asumiendo que la razón de la confrontación es válida. En la Parte 4 vamos a ver que hay cosas que no tiene sentido confrontar. Tenemos que escoger sabiamente nuestras batallas. Cuando confrontamos necesitamos asegurarnos de comunicar que el objetivo de la confrontación es la santificación. Queremos reflejar juntos a Cristo cada vez más. Queremos ver cómo cada vez amamos más las cosas que Dios ama y odiamos cada vez más las cosas que Dios odia. ¿Por qué confrontó Pablo a Pedro en Gálatas 2:11-14? Lo confrontó porque su manera de tratar a los gentiles cuando estaba con los judíos no reflejaba correctamente el evangelio que vino a traer unidad a ambos pueblos. Él no estaba reflejando la gracia de Dios en su vida. Y cuando Pablo explica la confrontación, la fundamenta en un entendimiento profundo de la salvación:

> Sin embargo, sabiendo que el hombre no es justificado por las obras de la ley, sino mediante la fe en Cristo Jesús, también nosotros hemos creído en Cristo Jesús, para que

> seamos justificados por la fe en Cristo, y no por las obras de la ley. Puesto que por las obras de la ley nadie será justificado (Gá. 2:16).

¿Por qué estaba equivocado Pedro? Porque su manera de tratar a los gentiles no manifestaba correctamente que no hay ninguna ventaja ni superioridad en ser judío, porque nadie es justificado por la ley, sino por la fe en Jesús. Interesantemente, Bernabé aquí es señalado como alguien que también cae en el mismo error que Pedro.

El pastor John Piper expresa que las mismas cosas que son buenas en algunos, sus mismas fortalezas, que en este caso es la inclinación de Bernabé a defender a otros, pueden ser su debilidad también.[4] Bernabé se equivocó al no confrontar la actitud divisiva de Pedro y los judíos. Su actitud de ser paciente con las debilidades de otros y su inclinación a defender a Pedro y a los judíos, en este caso, lo llevó a cometer un error que merecía reprensión.

Esto significa que necesitamos una variedad de personalidades y fortalezas dentro de la iglesia. El celo de Pablo por la pureza del evangelio lo lleva a confrontar a los demás, incluso cuando tengan la madurez y la experiencia de Pedro y de Bernabé. Hasta los hombres más espirituales y maduros siguen siendo pecadores y falibles.

La confrontación es válida, pero tenemos que aprender a hacerla solo cuando es necesaria y de una manera que muestre claramente la humildad, la gracia y el amor que cada uno de nosotros ha experimentado en el evangelio. La confrontación requiere que haya una falta grave y objetiva. De otra forma, es nuestra responsabilidad

---

4. «Barnabas: the weakness of a great leader», DesiringGod.org, https://www.desiringgod.org/messages/barnabas-the-weakness-of-a-great-leader (consultado: 7 de octubre, 2021).

como cristianos dar el beneficio de la duda. Muchos reaccionamos muy rápido, solo con juicio e impaciencia. Cuando estamos en posición de evaluar a alguien en su error es momento de aplicar la regla de oro:

> Por eso, todo cuanto quieran que los hombres les hagan, así también hagan ustedes con ellos, porque esta es la ley y los profetas (Mt. 7:12).

Debemos considerar seriamente la posibilidad de que nosotros también podríamos estar en la posición de ser juzgados por otros, y entonces vamos a querer misericordia y una segunda oportunidad para poder ser restaurados:

> Hermanos, aun si alguien es sorprendido en alguna falta, ustedes que son espirituales, restáurenlo en un espíritu de mansedumbre, mirándote a ti mismo, no sea que tú también seas tentado. Lleven los unos las cargas de los otros, y cumplan así la ley de Cristo (Gá. 6:1-2).

Un espíritu de mansedumbre viene precisamente del ejercicio de autoexaminación y humildad que Pablo describe. La mansedumbre va a buscar todas las señales de arrepentimiento genuino, tratando de creer que es verdad. La gracia no va a buscar todos los pretextos posibles para desconfiar de alguien y poder aplastarlo bajo juicio.

Por un lado, podemos ser demasiado confiados y arriesgarnos a cometer el error de creer y abogar por alguien que no es genuino en su arrepentimiento y solo está aparentándolo.

Pero, por otro lado, podríamos estar limitando y siendo demasiado duros con alguien que solo necesita paciencia y nuestro voto de confianza.

John Piper es un ejemplo de alguien que ha estado dispuesto, a lo largo de los años, a trabajar con muchos de los que otros desconfían o que han sido despreciados por sus métodos o prácticas denominacionales. Estoy seguro que, mirando hacia atrás, habrá casos en los que ahora puede ver que fue un error apoyar a alguien. Pero siempre tendremos errores en nuestro juicio de otros. Solo Dios puede ver el corazón, nosotros solo vemos lo externo (1 S. 16:7). ¿De qué lado prefiero errar? ¿Del lado de mostrar demasiada gracia o del lado de ser demasiado duro?

No debemos ser tolerantes con el pecado recurrente y no arrepentido de alguien que se dice ser cristiano (1 Co. 5), pero debemos asegurarnos de que estamos dando bastante espacio para el arrepentimiento y para buscar ayuda unos de otros en el proceso de santificación. La paciencia unos con otros y el soportarnos unos a otros (Ef. 4:1-3) se manifiestan, en gran parte, en cómo nos damos el beneficio de la duda unos a otros. A veces juzgamos demasiado rápido la condición de alguien que nos parece culpable de una falta, olvidándonos que el verdadero Juez juzgará perfectamente:

> Por tanto, no juzguen antes de tiempo, sino esperen hasta que el Señor venga, el cual sacará a la luz las cosas ocultas en las tinieblas y también pondrá de manifiesto los designios de los corazones. Entonces cada uno recibirá de parte de Dios la alabanza que le corresponda (1 Co. 4:5).

Podemos dar el beneficio de la duda descansando en que el juicio final realmente no depende de nosotros sino de Dios. Sé que seguramente voy a juzgar a otros erróneamente, pero quiero que sean más los casos donde mostré demasiada gracia que los casos donde me faltó gracia en la manera de tratar a mi hermano. Nuestro primer instinto dirigido por el Espíritu de gracia ante el error y el desacuerdo debe ser el ánimo y la exhortación llena de dominio propio y misericordia.

Preguntas para la reflexión

¿Por qué nos gusta señalar los errores de otros tan rápido?

¿Cómo podemos manifestar humildad antes de juzgar a alguien prematuramente?

¿Cómo otorgamos el beneficio de la duda al que nos ha dado razones para desconfiar?

¿Cómo se refleja nuestra confianza en Dios cuando damos el beneficio de la duda?

Parte 3

Consolación en la humildad y la unidad

(Hch. 11:19-30)

Avance personal vs. avance del reino de Dios

Principio

El avance de nuestra propia reputación y reconocimiento no son importantes a la luz del avance del reino de Dios y de la unidad de la iglesia.

Texto bíblico

Ahora bien, los que habían sido esparcidos a causa de la persecución que sobrevino después de la muerte de Esteban, llegaron hasta Fenicia, Chipre y Antioquía, no hablando la palabra a nadie, sino solo a los judíos. Pero había algunos de ellos, hombres de Chipre y de Cirene, los cuales al llegar a Antioquía, hablaban también a los griegos, predicando el evangelio del Señor Jesús. La mano del Señor estaba con ellos, y gran número que creyó se convirtió al Señor.

La noticia de esto llegó a oídos de la iglesia de Jerusalén y enviaron a Bernabé a Antioquía, el cual, cuando vino y vio la gracia de Dios, se regocijó y animaba a todos para que con corazón firme permanecieran fieles al Señor; porque era un hombre bueno, y lleno del Espíritu Santo y de fe. Y una gran multitud fue agregada al Señor.

Bernabé salió rumbo a Tarso para buscar a Saulo; y cuando lo encontró, lo trajo a Antioquía. Y se reunieron con la iglesia por todo un año, y enseñaban a las multitudes; y a los discípulos se les llamó cristianos por primera vez en Antioquía.

Por aquellos días unos profetas descendieron de Jerusalén a Antioquía. Y levantándose uno de ellos, llamado Agabo, daba a entender por el Espíritu Santo, que ciertamente habría una gran hambre en toda la tierra. Y esto ocurrió durante el reinado del emperador Claudio.

Los discípulos, conforme a lo que cada uno tenía, determinaron enviar una ayuda a los hermanos que habitaban en Judea. Y así lo hicieron, mandándola a los ancianos por mano de Bernabé y de Saulo (Hch. 11:19-30).

Bosquejo del texto

Los cristianos son los que causan gozo en la gracia (v. 23)

- En la manera universal de evangelizar (v. 20)
- En la unidad y la humildad para trabajar juntos (v. 25)
- En la disposición para dar y suplir la necesidad (v. 29)

Introducción: Cristianos, gente de gozo en la gracia

El contexto de este pasaje tiene que ver con la historia de Cornelio que, en realidad, concluye con el regreso de Pedro a Jerusalén, donde no fue tan bien recibido (Hch. 11:2-3). Más bien, lo reciben con un montón de cuestionamientos: *¿Por qué estás comiendo en casa de un gentil?* Les choca esa idea y les molesta porque, como judíos, tienen muy arraigada la separación con los gentiles.

Pedro les explica por qué lo hizo, diciéndoles que Dios lo guio hasta ese punto, pues era la voluntad de Dios que Pedro le predicara a Cornelio y que viera cómo Cornelio y su familia recibían el Espíritu Santo de la misma manera en que los judíos lo habían recibido el día de Pentecostés. Es decir, se repite el mismo evento (de Pentecostés) pero ahora en la casa de Cornelio, y eso marca y va preparando el terreno para lo que Dios va haciendo en la iglesia y apunta hacia dónde Él quiere llevar a la iglesia. Eso es lo que nos prepara para este momento en el libro de Hechos que estaremos estudiando, en el capítulo 11, versos 19-30 (puedes ver el texto arriba).

Esta historia narra de dónde surge la palabra «cristiano» (v. 26). Aquí, Lucas nos da el contexto. Esta es la historia. Se nos da la razón por la que a los primeros creyentes se les llama *cristianos*, por lo que pasó en Antioquía. En esta ciudad se planta una iglesia que empieza a crecer y a tener ciertas características, y la cultura, la gente que los rodea, comienza a reconocer a este grupo que va creciendo y así es como los llaman. Entonces, ahora vamos a ver cuál es la característica de un cristiano; o sea, qué es lo que hizo que los llamaran cristianos. Y creo que el énfasis está en mi versículo favorito de todo este pasaje, que es el versículo 23, porque allí se narra la reacción de Bernabé cuando llega y conoce a esta iglesia que se ha formado. Su reacción es ver la gracia de Dios. ¿Qué hace Bernabé? Se goza. Entonces, creo que la vida de cualquier cristiano debería causar esa misma reacción en los demás, que nos vean y digan: *Ahí está la gracia de Dios*, y los llene de gozo ver eso. La pregunta es: ¿Es así como se caracteriza nuestra iglesia? ¿Somos una iglesia en la que la gente ve la gracia de

Dios manifestada en cómo vivimos y que produce gozo cuando la notan?

El contexto de la narrativa

Veamos qué pasó en esta historia. El contexto, en realidad, viene del capítulo 8 de Hechos, versículo 1. Hay un paréntesis que surgió desde el capítulo 8 hasta el capítulo 11, desde que Lucas nos narró cuando Esteban fue martirizado, cuando lo mataron los líderes religiosos en Jerusalén. Dice Hechos 8:1: «Y Saulo estaba de completo acuerdo con ellos en su muerte [la muerte de Esteban]. En aquel día se desató una gran persecución en contra de la iglesia en Jerusalén, y todos fueron esparcidos por las regiones de Judea y Samaria, excepto los apóstoles». El contexto aquí es que Lucas está retomando nuevamente ese tema. Dice: *¿Se acuerdan que les conté que cuando mataron a Esteban hubo una persecución que dispersó a los judíos cristianos que había en Jerusalén? Bueno, vamos a regresar a ello*, pues prosigue diciendo Lucas: «Ahora bien, los que habían sido esparcidos a causa de esa persecución que sobrevino después de la muerte de Esteban, llegaron hasta Fenicia, Chipre y Antioquía» (11:19).

¿Dónde está ubicada Antioquía? ¿Por qué se menciona Antioquía aquí? Ese es el nombre oficial de esta ciudad. Antioquía del Orontes fue fundada como capital del helenismo de Medio Oriente, por el rey Seleuco I Nicator en el año 300 a. C., quien la nombró así en honor de su padre, Antíoco. Cuando el cristianismo llegó a Antioquía a mediados de los años 40 d. C., el Imperio romano llevaba un siglo de dominación sobre esa ciudad y sus alrededores. En ese entonces, Antioquía era una típica ciudad helenística, capital de la provincia romana de Siria y sede de su gobernador, contada junto con Roma y Alejandría entre las tres ciudades más importantes del imperio. Antioquía era la metrópolis de una vasta zona que va desde las costas del Mediterráneo en Asia

Menor hasta las riberas de la Mesopotamia, y desde el Ponto hasta la Arabá. Los numerosos y variados pueblos que habitaron estas tierras se encontraban en Antioquía para el comercio, la ciencia y la política. El idioma griego y la cultura helenista facilitaban este encuentro y permitían el intercambio de todo conocimiento y opinión.

Era una ciudad moderna, sofisticada y políticamente correcta. Había tanta mezcla de culturas y de religiones que tenían la tendencia a aceptar lo que fuera. Eran muy tolerantes. Entonces, la gente podía ir y hacer cosas y nadie la juzgaba. Y una de las características principales de Antioquía era su inmoralidad sexual. Vivían constantemente un estilo de vida inmoral. Tenían un templo, y en ese templo había una diosa que se llamaba Dafne.

Dafne representaba la inmoralidad sexual y la prostitución del templo. Y, en general, Antioquía era conocida como una ciudad muy liberal, de decadencia moral. En las afueras de la ciudad tenían un burdel al aire libre. Entonces, todos podían ir y hacer lo que quisieran. Ese era el tipo de gente que había allí. Era una mezcla de culturas, de religiones y de toda clase de prácticas. Entonces, imagínense a los cristianos que llegan allí. ¿Creen ustedes que se sentían cómodos? Probablemente decían: *¿En dónde nos metimos? Bueno, por lo menos, aquí no nos están matando como en Jerusalén*. Entonces, llegan allí los judíos creyentes de la dispersión, pero se enfrentan con mucha oposición, moral y culturalmente hablando. Son judíos creyentes en Cristo, y Lucas nos narra cómo sucedió todo. Llegan a Antioquía y, ¿a quién le predican? A otros judíos (v. 19).

Predicando a los judíos

Eso era lo más fácil, lo más cómodo para ellos, porque los judíos se portan correctamente, son más religiosos, más correctos en cuanto a lo moral. Entonces, están dentro de su ambiente cómodo. Estos primeros judíos llegan y dicen: *Vamos a predicar a la sinagoga, son los nuestros, nos entendemos, no necesitamos hablar griego, no tienen estas cosas de la cultura griega. Ellos entienden lo del Antiguo Testamento, la Ley de Moisés.* Por tanto, se sienten mucho más cómodos en ese contexto. Y esa es la gente a la cual empiezan a predicarle. ¿Hay fruto? Pues, a lo mejor hubo fruto, pero Lucas no quiere que pensemos en esa parte. Hace otro énfasis. Hechos 11:20, dice: «Pero había algunos de ellos, hombres de Chipre y de Cirene». Ese es el norte de África, eran también judíos de la dispersión, pero son los de estas regiones específicamente los que tienen una iniciativa. Cuando llega a Antioquía este grupo de gente, que Lucas no nos dice quiénes son, no nos da sus nombres, ellos dicen: *¿Y si le predicamos a los judíos nada más? Al final de cuentas, somos judíos helenistas, sabemos griego, conocemos algo de la cultura. A lo mejor, podemos compartir el evangelio con estos, no se portan bien, pero hay que evangelizarlos.* Y es interesante porque eso los saca de su zona de comodidad, los pone en una posición de predicar a gente que era diferente a ellos, gente que no era fácil de alcanzar.

¿No tenemos esa situación nosotros muchas veces? Como que hay gente con la que es fácil compartir porque es cercana a nosotros, convive mucho con nosotros. A lo mejor, nos caen bien de por sí, nos gusta pasar tiempo con ellas. Es más fácil predicarles el evangelio a ellas que a otro tipo de gente que, tal vez, hasta nos han hecho cosas desagradables, nos han dicho groserías o cosas que no nos caen bien. Ese vecino que siempre nos maltrata, nos ha hecho enojar tantas veces que no estamos pensando necesariamente en compartir el evangelio con él. Estamos pensando en quejarnos y criticarlo por cómo es. A veces tenemos estas categorías de gente. Y es verdad, existe el evangelismo cómodo. Tú puedes compartir el evangelio, y que ese evangelismo se convierta en un evangelismo fácil porque va dirigido a la gente que no representa un reto, que es más parecida a ti, que de por sí te gusta estar con ellos. Entonces, dentro de este contexto, aquí vemos un grupo que está asumiendo este reto de compartirle el evangelio a gente diferente a ellos. Y dicen: *Vamos a hablarles a los griegos, vamos a anunciarles el evangelio del Señor Jesús.*

La mano del Señor

Entonces, Lucas nos narra cómo empiezan a compartir el evangelio con este grupo de gente y qué es lo que pasa. En el versículo 21 leemos que «la mano del Señor estaba con ellos». ¿Qué comienza a pasar? Gran número creyó y se convirtió al Señor. Estos griegos empiezan a escuchar el evangelio por primera vez y lo aceptan. De pronto esta gente tan pagana, que no tiene nada que ver con la religión judía, de repente empieza a aceptar el evangelio y dicen: *Sí, yo creo eso. Yo creo que Jesús murió por mí. Yo creo que soy pecador y que necesito reconciliación con Dios.*

¿Es que eran muy buenos evangelistas? Más bien, la mano de Dios estaba con ellos. La iglesia empieza a crecer de una manera increíble, de tal modo que le llega el informe a la iglesia de Jerusalén. *Oye, algo está pasando en Antioquía. La iglesia está creciendo rapidísimo allá.* Y no sé cuántos habrán sido, pero viendo los números que Lucas nos ha dado antes, probablemente miles, miles y miles estaban convirtiéndose. La ciudad de Antioquía tenía una población de 500 000 habitantes en esa época. Entonces, imagínate lo que representarían 2000, 3000 creyentes. Es bastante para una ciudad de ese tamaño. Y la iglesia empieza a crecer y a crecer. Les llega la noticia a los de Jerusalén. Y entonces, ¿qué hacen? Ahí es donde están los apóstoles. Ahí es donde está el grupo original. Les llega este rumor de que está creciendo la iglesia de Antioquía. Y entonces, envían a Bernabé. Lo envían no como espía, sino más bien como representante de la iglesia de Jerusalén. *A ver, ve a comprobar qué está pasando. Asegúrate que de veras esta iglesia está creciendo con una base evangélica doctrinal real y verdadera.*

La gracia de Dios

Cuando llega Bernabé ve la gracia de Dios y se regocija (v. 23). Ya hemos estado estudiando mucho sobre él en este libro. Si vamos a Hechos 4 versículo 36, vemos que en la primera iglesia de Jerusalén habían estado proveyendo para las necesidades unos de otros. Y en ese pasaje se describe más acerca de Bernabé, pues es la primera vez que aparece en el libro de Hechos. José es un nombre judío. Pero los apóstoles le ponen otro nombre: Bernabé, que significa «hijo de consolación». Era levita, natural de Chipre.

Es judío, pero nacido en Chipre. Chipre era una ciudad helenista, con influencia griega. Entonces, probablemente conocía algo de toda la cultura griega. Y tenía una heredad, la cual vendió y trajo el dinero y lo puso a los pies de los apóstoles. Eso es lo primero que escuchamos acerca de Bernabé, quien era famoso por una cosa. ¿Cuál? Él sabía animar a la gente. Si hay algo que hacía bien era animar. No sé si se podría decir eso de nosotros.

Tenemos la tendencia a ser críticos. Y, por lo general, desanimamos a los demás porque nos gusta más ver lo que les falta que lo que Dios ya ha hecho en sus vidas. Bernabé es el tipo de persona al que le dicen: *Ese es un mentiroso.* Y él contesta: *Sí, pero lo hubieras visto antes. Dios está haciendo algo. Dios está transformando su vida. Va en camino de santificación. Algo milagroso está pasando aquí*. Entonces Bernabé es el tipo de personas que sabe consolar, sabe ver la obra de la gracia de Dios en la vida de la gente y sabe animarlos en el camino.

El gozo en la obra increíble de Dios

Regresemos a Hechos 11. Fíjate qué es lo que está pasando aquí. ¿Por qué se gozó Bernabé al ver la obra que estaba sucediendo en Antioquía? ¿De dónde surgió la iglesia allí? De la persecución. ¡Surgió de que estaban matando cristianos! Eso es lo que generó que se fueran a Antioquía. Dios ya estaba preparando todo el camino de lo que quería hacer en la vida de los gentiles. Y, de pronto, está surgiendo una iglesia en una ciudad prácticamente gentil. Y en primer lugar, cuando Bernabé lo ve, se regocija porque dice: *La persecución los llevó a esto. La persecución está haciendo que la palabra de Dios y el evangelio salgan de Jerusalén.*

En Hechos 1:8 Jesús les dijo: «Serán Mis testigos». ¿En dónde les dijo Jesús que iban a ser testigos? En Jerusalén, Judea, Samaria y hasta lo último de la tierra. Pero ¿dónde se habían quedado? En Jerusalén. Estaban cómodos. Pensaron: *Aquí estamos, aquí vivimos, aquí vamos a ser testigos.* Y no estaban haciendo el esfuerzo de salir hasta que Dios dijo: *Si no salen, yo los saco. Voy a buscar la manera en que van a ser obligados a salir. Si van a llegar hasta lo último de la tierra es porque Yo los voy a enviar hasta lo último de la tierra.* Entonces, Bernabé ve esto y dice: *Es la gracia de Dios. Es la mano de Dios obrando en esta gente para llegar realmente hasta los confines de la tierra.* A Bernabé le da gusto ver esto. Lucas quiere que sepamos que esto es causa de gozo.

Esto no es fácil. Piensa en cómo llegó Bernabé de la iglesia de Jerusalén, que era una iglesia judía, a Antioquía, una iglesia predominantemente gentil. ¿Crees que hacían las cosas igual? Yo creo que era muy diferente a como lo hacían en Jerusalén. La situación hubiera sido diferente si hubieran enviado a otro, a lo mejor más judío y celoso de las leyes. Del tipo de los que criticaron a Pedro cuando regresó. Alguien así habría dicho: *¿A qué hora están teniendo su servicio? No es así como se debe hacer. ¿Qué instrumentos están usando? No son los instrumentos que usamos en Jerusalén. ¿Cómo se visten ustedes? Así no nos vestimos nosotros.*

Seguramente tantas diferencias culturales provocaron un *shock* para Bernabé cuando llegó, porque definitivamente esta iglesia sería muy diferente a como se veía la iglesia de Jerusalén. Pero él ve la gracia de Dios. Esto me confrontó a mí, porque es más fácil que nos dé gusto cuando Dios trabaja con nosotros. Si es nuestra iglesia, eso sí nos da mucho gusto. Si vemos cómo crece nuestra iglesia, eso sí nos llena de gozo. Si vemos nuestra denominación crecer, entonces sí estamos felices. Pero si empezamos a ver a otra gente, que es un poco diferente a nosotros, y vemos que Dios está haciendo algo en ellos, entonces no nos alegramos, porque es cosa de ellos. Es más difícil que te dé gusto por alguien en lo que tú no tuviste nada que ver. Cuando eres tú, entonces sí nos alegramos: *¡Vean nuestra iglesia!*

Pero aquí, Bernabé llega a algo que él no empezó. Él vio algo que ya llevaba vuelo, ya llevaba una inercia, pero le da gusto porque ve la gracia de Dios. Dice: *Definitivamente, la gracia de Dios se está manifestando aquí. Esta gente es gente transformada por el evangelio, están viviendo sus vidas de una manera que hace que sea evidente que es la mano de Dios.* A tal grado que la gente de afuera, para burlarse de ellos, les pone por sobrenombre «cristianos», como diciéndoles: *A ver, estos son mini cristos.*

Yo recuerdo una conversación que tuve con alguien que se refería a nuestra iglesia en tono burlón, y decía: *Ustedes son los aleluyos, ¿verdad?* No lo decía de cariño. En el momento me molestó que se expresara así. Lo sentí ofensivo. Pero ¿qué significa «aleluya»? «Gloria a Dios». ¿Debería molestarnos que nos llamen así: «Los que le dan gloria a Dios»? En realidad es un buen apodo. Y de la misma manera, a este primer grupo de Antioquía le pusieron un buen apodo: *Gente que es como Cristo. Todo es Cristo. Todo hablan de Cristo. Predican el evangelio de todo lo que Jesús enseñó, todo lo que representa Su muerte y Su resurrección. Siempre están hablando de Jesús. ¿Cómo les ponemos? Los que son como Cristo, su Mesías.* No son los judíos los que les ponen este apodo, porque Cristo significa Mesías. Los judíos no creían en Jesús como su Mesías. Son los gentiles, la mayoría de la población de Antioquía, es la que le llama así a este grupo de cristianos. Ese es el título que surge en este punto de la historia.

Lo que quiero que pensemos juntos es, ¿qué significa ser cristiano? ¿Qué es lo que se estaba viendo aquí? ¿Qué causa que Bernabé se llene de gozo al ver la gracia de Dios? En otras palabras, ¿cómo se manifiesta la gracia de Dios? ¿Y qué es lo que debería significar cuando nos llamamos a nosotros mismos «cristianos»? Porque la gente pregunta: *Tú ¿qué eres?* Y, ¿qué decimos? *Cristiano.* Pero hoy en día, ¿significa mucho eso? Ya no es lo mismo. Creo que, en la mente de la gente, no significa necesariamente «esos que son como Cristo». Más bien, lo asocian con una iglesia, con un grupo, con cierto club social. Nos ven como religiosos que se juntan y les gusta cantar y hacer convivencias. A lo mejor piensan en toda la lista de reglas de cosas que no podemos hacer. Pero en este tiempo, en Antioquía, ser «cristiano» significaba algo diferente. Había algo más profundo que estaba pasando aquí, que manifestaba claramente la gracia de Dios.

Llegó la noticia de estas cosas y enviaron a Bernabé. Y cuando llega Bernabé, exhorta a todos a que, con propósito de corazón, permaneciesen fieles al Señor. Bernabé les dice: *Van bien, sigan como van. Se trata de Jesús.* Y la descripción que hace Lucas de Bernabé es muy interesante porque dice: «Es varón bueno». ¿Te gustaría que esa fuera tu descripción? ¿Somos alguien así?

¿Qué causa el gozo en la gracia de Dios?

Al leer esta descripción de Bernabé pensamos que debió haber sido alguien con una personalidad muy agradable. Una de esas personas que te cae bien porque es muy positiva y optimista y solo le gusta decir cosas bonitas. Aquí Lucas está mostrándonos algo más. Dice: «era un hombre bueno» (v. 24). Pero la clave de todo esto no es su personalidad. Es que estaba lleno del Espíritu Santo y de fe. Esa es la clave. No es que era una persona agradable, es que tenía el Espíritu Santo. Y el Espíritu Santo se manifestaba en la fe que poseía, en la capacidad que tenía para ver la gracia de Dios obrando en la vida de otros y animarlos en ese camino. De tal manera que los anima en tres cosas, como veremos a continuación.

Veamos ahora qué es lo que le causaba gozo en la gracia de Dios.

El evangelismo universal

En primer lugar, su manera de evangelizar. Bernabé dice: *Creo que van bien en su forma de evangelizar.* Porque evangelizan indiscriminadamente, o sea, es un evangelismo universal. No les importa a quién evangelizan, evangelizan a todos. Y Dios está bendiciendo eso en esta iglesia. Pero el éxito no se debe al método que estaban usando. A veces nos preocupamos demasiado sobre cómo presentamos el evangelio, que suene interesante, que suene atractivo. *¿Qué método uso? ¿Le hago dibujitos? ¿Me pinto de mimo y hago una obra para que se entienda qué es lo que está pasando?* No, no es eso. No se trata del método. Era el Espíritu Santo el que trabajaba a través de ellos. Lucas es el único que usa esta expresión: «la mano del Señor estaba con ellos». Creo que esto se refiere a que el Dios invisible está haciendo visible y tangible Su poder. Entonces, ¿quién está haciendo la obra? Dios. ¿Pero a través de quién la hace? De nosotros. ¿Por qué medio Dios va a salvar a la gente? De la predicación del evangelio. Pero es Dios, no nosotros. Entonces, no tenemos que frustrarnos cuando la gente rechaza el evangelio, porque nosotros hemos cumplido con nuestra parte. Sí, con seguridad, nos van a rechazar. Mucha gente va a decir: *No quiero tener nada que ver con eso. No me importa.* Pero también va a haber gente que lo acepte y que Dios transforme. Pero ese es trabajo de Dios, no nuestro. Nuestro trabajo es hablar, compartir el mensaje de salvación. El trabajo de Dios es convencer y transformar. Eso es lo que Bernabé veía suceder a través de estos esfuerzos evangelísticos.

La humildad y unidad para trabajar juntos

En segundo lugar, la iglesia empieza a crecer. Bernabé ve la obra de Dios, la mano de Dios trabajando en estos nuevos creyentes que están llegando. Cientos y cientos y cientos y cientos y cientos. De pronto se siente un poco abrumado y se da cuenta de que necesita ayuda y que no puede guiar solo a esta nueva y creciente congregación.

Se acuerda de alguien que conoció hace unos años. Uno que dio su testimonio. Su testimonio era muy impactante porque había sido una persona que antes perseguía a los cristianos pero un día llegó de la nada y dijo: *Tuve una experiencia con Jesús. Ahora creo en Él.* Antes perseguía a los cristianos, ahora cree que Jesús es el hijo de Dios. Y, obviamente, nadie le creía. Eso está en Hechos 9:26. Llega Saulo a Jerusalén e intenta juntarse con los discípulos. Pero él es el que antes mataba a los cristianos y los metía en la cárcel. Entonces, cuando llega a una iglesia, no quieren tener relación con él. ¿Quién es el que aboga por Saulo? Bernabé.

> Entonces, Bernabé, tomándole, lo trajo a los apóstoles, y les contó cómo Saulo había visto en el camino al Señor, el cual le había hablado, y cómo en Damasco había hablado valerosamente en el nombre de Jesús (Hch. 9:27, RVR1960).

Bernabé es el que ve a Saulo y dice: *Algo está pasando aquí. Este hombre conoce mucho del Antiguo Testamento y está viendo una conexión entre el Antiguo Testamento y el cumplimiento que tiene en Cristo. Es un hombre completamente transformado. Creo que Dios quiere hacer grandes cosas a través de él.* Esto no está en el texto, pero yo me imagino que, a lo mejor, Saulo ya está un poco desanimado a estas alturas. Ya ha pasado bastante tiempo, casi diez años desde que se convirtió. Y Bernabé se acuerda de Saulo.

Seguramente Saulo, un poco desalentado, estaba pensando algo así: *Cuando me convertí, Dios me dijo que yo iba a ser usado para predicar el evangelio a los gentiles, que tendría un ministerio especial. Y aquí estoy, escondiéndome para que no me maten.* Regresó a Tarso, de donde era, y permaneció escondido. Probablemente fue difícil encontrarlo. Una de las razones por las que asumo que fue difícil encontrarlo es porque provenía de una familia judía ortodoxa y, por el hecho de que él se hubiera convertido al cristianismo, probablemente ya lo habían desconocido.

Entonces, imagínate, viene Bernabé. Antioquía está a unos 160 kilómetros (100 millas) de Tarso. No está tan cerca. Y va Bernabé. *¿Dónde anda Saulo? ¿Quién sabe? ¡Quién sabe dónde estará!* Está escondido porque había estado tratando de evitar que lo mataran. De hecho, el verbo que se usa aquí en 11:25: «buscar», es una palabra de mucha intensidad en el griego, se usa también en Lucas 2:35 cuando se relata la historia donde José y María pierden a Jesús. ¿Han perdido alguna vez a su hijo? ¿Cuánto tiempo tiene que pasar para que les empiece a entrar un poquito de desesperación? No pasa mucho tiempo y ya empiezan a desesperarse. Bueno, es la misma palabra griega. O sea, hay una intensidad por tratar de encontrar a Saulo. Bernabé va, busca a Saulo y le dice: *Tengo el trabajo perfecto para ti. Yo sé que ya han pasado muchos años. Yo sé que has estado aquí escondido. Pero creo que Dios ya acomodó todo lo que necesitaba acomodar para que tú empieces tu ministerio. Acompáñame, vamos a Antioquía. Tienes que ver lo que está pasando allá.*

Esto requirió mucha humildad y sensibilidad de parte de Bernabé. Porque, ¿quién fue enviado por la iglesia de Jerusalén? Bernabé. Él ya tenía más tiempo de haberse convertido en cristiano. Ya era reconocido por la iglesia. Llega él como el encargado, realmente. Pero él tiene la humildad para decir: *No puedo solo, necesito ayuda.* Probablemente Bernabé se encontró ante la duda: *¿A quién escojo? ¿Al que mató a mi buen amigo Esteban?* ¿Creen que

Bernabé conocía a Esteban? ¡Claro que conocía bien a Esteban! Bernabé razonaría: *¿Escojo a ese que mató a mi amigo? ¿O elijo a uno de los otros apóstoles? ¿O escojo a alguien que ya sea más reconocido en la iglesia de Jerusalén y al que apoyen un poco más? Yo me acuerdo cómo trataron a Saulo al principio.*

Pero Bernabé tiene bien claro que la gracia de Dios había estado trabajando en la vida de Saulo. Y reconoce que Dios le ha dado un don especial, de tal manera que se va a ver beneficiado por incluirlo. Y ¿sabes qué es lo que va a empezar a suceder? ¿Sabes qué va a pasar cuando llegue Saulo? El enfoque comenzará a estar en Saulo. Pronto la gente dirá: «Pablo y Bernabé», no «Bernabé y Saulo». Pablo va a tener un rol más prioritario en el crecimiento de la iglesia, en las misiones, y en la expansión del evangelio. Pero Bernabé entiende eso. No se trata de que lo reconozcan a él. Se trata de lo que Dios quiere hacer. Entonces, él ve más allá de un hombre que mató a su amigo. Ve la evidencia de la gracia. Ve el potencial para la expansión del evangelio. Y se da cuenta de que nadie es indispensable. *Es que no soy yo, Bernabé. No se trata de mí. Se trata de lo que Dios está haciendo.*

La iglesia no depende de mí. No depende de ti. No depende de ninguno de nosotros. Dios nos usa, pero no se trata de que me vean. No somos indispensables. Lo que tenemos que aprender es a trabajar juntos en unidad, buscando los dones y los talentos que Dios ha dado a cada uno para avanzar el reino de Dios. No es nuestro nombre. Es el reino de Dios. Es el evangelio.

La humildad en una era digital

Vivimos en una era en la que resulta difícil ser humilde porque somos tentados todo el tiempo. Hay una cierta vanagloria en el reconocimiento que viene cuando la gente dice: *Yo escuché un mensaje tuyo en YouTube y me impactó muchísimo.* El músico y autor Bob Kauflin expresa:

> Las *selfies* con los amigos son un pasatiempo nacional. Y es un punto extra cuando podemos publicar un *selfie* con alguien famoso. «¡Mira con quién estaba!». Nuestras redes sociales lo anuncian. Lo hacemos con músicos, atletas, actores, y políticos. Desafortunadamente, también lo hacemos con Jesús. Solo que el subtexto parece ser: «¡Mira con quién estaba Jesús!». Es la paradoja de la adoración *selfie*. Cuando se supone que debemos llamar la atención sobre la gloria del Salvador, nos ponemos donde más nos veamos en la imagen.[5]

Siguiendo con esta metáfora del *selfie,* el reino de Dios es la foto de Jesús y de Su obra a través del evangelio. Pero nos gusta meternos ahí y tener un poquito de reconocimiento. Que también nuestro nombre sea algo importante. Que también la gente reconozca lo que Dios está haciendo en nosotros y a través de nosotros.

Nos gusta sentirnos indispensables. Nos gusta sentir que si no somos nosotros, entonces, a lo mejor, las cosas no van a salir tan bien. Pero Bernabé tiene la humildad, la sensibilidad y la sabiduría para darse cuenta de que lo que Saulo puede aportar al ministerio es de vital importancia para lo que Dios quiere hacer en esta iglesia. Entonces, pone atrás su persona y su reconocimiento, y coloca la necesidad de la iglesia delante. Pone la centralidad y la importancia del evangelio delante.

Y ¿qué es lo primero que hacen juntos? Enseñan. ¿Qué es lo que más necesitaba este grupo de gente? Doctrina. Se convirtieron, escucharon el evangelio. Pero ahora tienen que entender más acerca de este evangelio. Tienen que estudiar la palabra revelada de Dios. Tienen que saber de dónde viene la doctrina de Jesús y de Su muerte y de Su sacrificio, y hacia dónde va y cómo se

---

5. «La paradoja de la adoración selfie», coalicionporelevangelio.org, https://www.coalicionporelevangelio.org/articulo/la-paradoja-la-adoracion-selfie/ (consultado: 9 de octubre, 2024).

conecta con las leyes del Antiguo Testamento. Tienen que entender cómo todo esto es el plan de redención de Dios a lo largo de la historia. La gran importancia que tiene la doctrina en la iglesia se muestra en Hechos 11:26. Porque es precisamente para eso que Bernabé trae a Saulo. Tal vez le dijo: *Ayúdame a enseñarle a esta gente. Creo que tú vas a hacerlo muy bien.* Y trajo nada más y nada menos que a uno de los mejores teólogos que ha conocido la iglesia cristiana para enseñarle teología a la comunidad. Entonces, la iglesia empieza a crecer. Necesitan esa enseñanza. Pasan un año enseñando, y aquí es donde Lucas nos dice que se reconoce a este grupo como «cristianos» por primera vez.

Pero la doctrina, ¿se ve tangible en nuestras vidas o es nada más mero conocimiento? *¡Miren cuánto sé de la Biblia!* Y hablamos y hablamos y hablamos y podemos enseñar y enseñar y enseñar. Y la pregunta al final es: ¿cómo se ve todo esto que estás aprendiendo acerca de la Biblia y del evangelio? ¿Cómo se hace tangible en la sociedad y en la iglesia? Ese es el tercer punto que quiero que veamos.

La disposición para dar y suplir la necesidad

Hechos 11:27-28 expresa:

> Por aquellos días unos profetas descendieron de Jerusalén a Antioquía. Y levantándose uno de ellos, llamado Agabo, daba a entender por el Espíritu Santo, que ciertamente habría una gran hambre en toda la tierra. Y esto ocurrió durante el reinado del emperador Claudio.

Agabo dice: *Va a haber hambre.* ¿Cuál es la reacción de la iglesia? Sigue el texto en el versículo 29: «Los discípulos, conforme a lo que cada uno tenía, determinaron enviar una ayuda a los hermanos que habitaban en Judea». La iglesia de Antioquía era una iglesia predominantemente gentil. La iglesia de Judea era una iglesia predominantemente judía. Y el pensamiento no fue: *¿Cuánto irán a necesitar?* A veces, detrás de esa pregunta, lo que realmente se quiere decir es cuánto es lo mínimo que tengo que dar. O sea, no quiero dar más de lo que fuera necesario. No es esa la idea aquí. Ese no es el parámetro que usan. ¿Cuál es el parámetro para ellos? Cuanto tenían. Ese es el parámetro. «Cada uno conforme a lo que tenía, determinaron enviar socorro a los hermanos que habitaban en Judea». A los judíos.

¿Cuál era la perspectiva de los judíos acerca de los gentiles? ¿Se trataban bien? Hagamos memoria de la respuesta de los judíos hacia la relación de Pedro con Cornelio. ¿Los judíos trataban bien a los gentiles? No. Había una barrera. Los hacían a un lado, los discriminaban un poco. Decían: *Pueden adoptar nuestra fe, pero no son de nosotros realmente. Nosotros somos el pueblo escogido de Dios. Hay algo especial acerca de nosotros. Entonces, vamos a juntarnos entre nosotros, y vamos a casarnos entre nosotros. Ustedes permanezcan allá, un tanto separados.* Había un sentido de discriminación de parte de los judíos hacia los gentiles, en general. Sin embargo, esto es lo que Dios está cambiando en la manera en que está haciendo crecer la iglesia. Ahora, el primer ejemplo que da la iglesia de Antioquía, que era gentil, es ayudar a los hermanos judíos. ¿Por qué? Porque la línea que dividía gentiles de judíos estaba empezándose a borrar, de tal modo que lo que los identifica, principalmente, es que son todos cristianos.

Ya no están pensando en términos étnicos. No están pensando: *Nosotros somos cristianos gentiles, vamos a ocuparnos de los otros cristianos gentiles. Esos cristianos judíos que se ocupen de otros cristianos judíos.* No, ellos ya están pensando en términos de: *Estos son cristianos, salvos por el mismo evangelio, con el mismo Espíritu Santo, creyendo las mismas cosas que nosotros creemos. Esta es nuestra familia. Si a ellos les va mal, entonces a nosotros nos va mal. Lo que sea necesidad para ellos, es necesidad de nosotros.* Y empiezan a ver el panorama completamente diferente.

Este es, creo, el énfasis de este pasaje. Y te pregunto: ¿cuál es tu principal identidad? Por lo regular, pensamos en nuestra identidad en términos culturales. Eso me pasa mucho. Cuando la gente me conoce por primera vez, normalmente me hace preguntas sobre quién soy. ¿Qué crees que es lo primero que normalmente me preguntan, por mi aspecto físico (soy rubio y de tez blanca)? *¿De dónde eres?* Cuando estoy en Estados Unidos, mi respuesta tiende a causar más sorpresa porque les digo que soy de México, aunque parezco físicamente norteamericano. También normalmente la gente piensa que soy más joven de lo que soy. La gente cree que algo no cuadra con lo que están viendo. Y estoy acostumbrado a la reacción de sorpresa de la gente.

Pero mi identidad no es principalmente la de un mexicano. Yo tengo más en común con un cristiano en China que lo que tengo en común con un mexicano de Cuajimalpa que no es cristiano. Algo más profundo me une con ese cristiano en China. La cultura es completamente diferente. Y no entiendo su idioma ni su cultura, ni su comida. Hay una barrera ahí. Pero hay algo más profundo que me conecta con él. Entonces, está bien que una iglesia no tenga la bandera de su país en el frente de su edificio, porque esa no es nuestra verdadera identidad.

La iglesia donde soy pastor somos mexicanos, respetamos a nuestras autoridades y estamos orgullosos de cosas que nos identifican culturalmente. Pero al final, eso pasará y no tendrá mayor relevancia. En cambio, la relación que tú tienes con Dios a través de Jesucristo será para siempre. Y hay gente en todo el mundo, en toda la iglesia alrededor de diferentes nacionalidades y diferentes culturas, que es tu verdadera familia. Eso es algo que debería importarnos en cuanto a nuestras prioridades, en cuanto al cuidado que tenemos unos de otros.

Me gusta mucho que Lucas es muy honesto en este pasaje en relación a cómo suceden las cosas en la iglesia, porque al decir que va a haber hambre, explica que van a juntar dinero para esta gente.

Y me hace pensar en las iglesias y en cómo nos encanta planear cosas. Decimos: *Sería buenísimo ir a un hospital un día y visitar enfermos. Sería buenísimo ir a la cárcel un día y visitar a los que están en la cárcel. Sería buenísimo que un día hiciéramos un ministerio dirigido hacia los drogadictos.* ¿Y saben dónde terminan todas esas ideas? ¡En ideas! Pero Lucas es verdaderamente honesto aquí. Muchas veces, las buenas intenciones terminan en buenas intenciones y nada más. Pero el versículo 30 dice que no solo planearon enviarles dinero a los de Judea sino que en efecto, lo hicieron. ¿No les sorprende? ¿No es increíble que una idea, de hecho, se haya materializado y se haya hecho real? Envían el dinero a los ancianos por mano de Bernabé y Saulo. Esta era gente que hacía cosas. Era gente de la vida real y de la práctica. Así es como se ve nuestra fe. Entendemos que somos parte de una nueva familia y queremos mostrar cuánto consideramos que somos parte de una nueva familia. Les envían el dinero para que vean que no es nada más que hablar y hablar.

Esas tres características son las que definen la gracia que se tiene que ver en una comunidad que se llama a sí misma cristiana: en evangelismo universal e indiscriminado; en unidad y humildad en el cuerpo para trabajar juntos; y en la disposición para dar y suplir necesidades. Eso va a hacer que cuando alguien entre en nuestra iglesia y nos vea, perciba la gracia de Dios y se goce. Hará que diga: *Esto es lo que yo quiero. Este tipo de gente, este tipo de iglesia.*

Y ahora bien, «cristiano» significa algo. No es nada más que un concepto falso de una persona religiosa que tiene su Biblia y la lleva todos los domingos a la iglesia. Sucede algo más profundo y la gente lo ve. Cuando entra en la iglesia, la gente se da cuenta de que eso que predicamos es lo que también está pasando.

¿Cómo reaccionaría Bernabé si él nos visitara a nosotros hoy en nuestras iglesias? ¿Se llenaría de gozo al ver la gracia de Dios, al ver la mano de Dios detrás de lo que estamos haciendo, al ver la manera en que estamos creciendo y nos relacionamos los unos con los otros?

Poniéndolo en práctica en nuestra vida

Una teología de la unidad

Uno de los retos más grandes para la iglesia, pero también una de las principales características que muestra el poder sobrenatural del evangelio, es la unidad. La unidad no es algo que viene naturalmente cuando tienes personas juntas con diferentes trasfondos, diferentes personalidades y diferentes pecados con los que luchan.

Como ya hemos visto, una de las principales maneras en que Dios es reflejado y por lo tanto glorificado a través de Su iglesia es en la unidad de Su iglesia. No podemos pensar solamente en que nuestra misión es predicar el evangelio o realizar determinados ministerios como si la vida cristiana solo se tratara de lo que hacemos y no de lo que somos y cómo nos relacionamos.

Uno de los pasajes de instrucción apostólica más clara de todo el Nuevo Testamento es la enseñanza de Pablo en 1 Corintios 12. En esta carta él ya ha dado varias analogías sobre cómo estamos diseñados por Dios para vivir en comunidad y trabajar juntos, amándonos y sirviéndonos mutuamente. En el capítulo 3 de 1 Corintios, Pablo usa su primera analogía: describe a la iglesia como un jardín donde él y Apolos son como jardineros que lo riegan y Dios da el crecimiento (3:6-9). Después pasa a usar una segunda analogía de un edificio donde él es el arquitecto que pone un fundamento —Cristo—, y la iglesia está construyendo sobre el mismo (3:9-15). Cada quien es responsable delante de Dios de cómo está construyendo porque, al final, esos materiales serán evaluados por Dios y algunos simplemente serán destruidos como muestra de que la manera en que servíamos en la iglesia tenía la motivación incorrecta.

La tercera analogía es la de una familia. Pablo es como un padre espiritual y los corintios son como sus hijos. Él se preocupa por ellos y quiere lo mejor para ellos, lo cual a veces también significa regañarlos y llamarles la atención (4:14-21).

La cuarta y más larga analogía está en el capítulo 12 y es la de la iglesia como el cuerpo humano. El cuerpo, aunque es uno, tiene muchos miembros. Pablo explica que realmente hay dos amenazas para la unidad del cuerpo. La primera es cuando ciertos miembros piensan que no sirven y por lo tanto se sienten inútiles. Por definición, un miembro es parte de un cuerpo y por lo tanto, necesario.

> Si el pie dijera: «Porque no soy mano, no soy parte del cuerpo», no por eso deja de ser parte del cuerpo. Y si el oído dijera: «Porque no soy ojo, no soy parte del cuerpo», no por eso deja de ser parte del cuerpo (1 Co. 12:15-16).

Otra amenaza a la unidad es cuando un miembro desprecia a otro porque no tiene la misma función. Aunque una función no sea visible o parezca menos importante, no debe ser menospreciada. De hecho, las partes del cuerpo menos visibles, como los órganos internos, realmente son los más importantes y vitales para la vida del cuerpo.

> Y el ojo no puede decirle a la mano: «No te necesito»; ni tampoco la cabeza a los pies: «No los necesito». Por el contrario, la verdad es que los miembros del cuerpo que parecen ser los más débiles, son los más necesarios; y las partes del cuerpo que estimamos menos honrosas, a estas las vestimos con más honra. Así que las partes que consideramos más íntimas, reciben un trato más honroso, ya que nuestras partes presentables no lo necesitan. Pero así formó Dios el cuerpo, dando mayor honra a la parte que carecía de ella, a fin de que en el cuerpo no haya división, sino que los miembros tengan el mismo cuidado unos por otros. Si un miembro sufre, todos los miembros sufren

con él; y si un miembro es honrado, todos los miembros se regocijan con él (1 Co. 12:21-26).

Nota especialmente los versículos 25-26. Pablo dice que la iglesia debe funcionar como funciona un cuerpo humano, pero el contraste con la división no es la uniformidad. No dice: *a fin de que en el cuerpo no haya división sino que todos piensen igual.* Él sabe que todos somos diferentes y que todos tenemos diferentes funciones, pero el verdadero antídoto para la división es el cuidado que debe existir unos por otros. La manera en que genuinamente nos preocupa el bienestar de otros. Esto significa que debemos esforzarnos por mostrar que lo que nos mueve a confrontar o a corregir siempre es el amor genuino por nuestro hermano.

¿Cómo puede saber mi hermano o hermana que mi amor por ellos es genuino? Pablo nos da una pista: «Si un miembro sufre, todos los miembros sufren con él; y si un miembro es honrado, todos los miembros se regocijan con él». La manera en que compartimos en la vida diaria las experiencias de tristeza y de gozo de los demás muestra que nuestro amor y preocupación por ellos no es solo una actuación hipócrita externa, sino algo genuino. Bernabé es ejemplo de cómo nos preocupamos por otros y nos relacionamos con ellos de tal manera que sus éxitos, así como sus problemas, son los nuestros también. Bernabé siempre parece estar viviendo de una manera muy personal las experiencias de otros.

En 1 Corintios capítulo 13 Pablo resume la verdadera motivación y meta de los dones espirituales: el amor. Lo que Dios nos ha dado a cada uno sirve para amar a otros. Pablo no solo da una lista de lo que es el amor, sino también de lo que no es. A veces es más fácil ver nuestra realidad a la luz de una confrontación sobre lo que no deberíamos hacer. El amor no es irritable. Esta característica del amor es la otra cara de la característica positiva de la paciencia. Otra manera de traducir la palabra «paciente» es «mecha larga». ¿Tenemos mecha larga cuando se trata de problemas y diferencias con otros? ¿Qué tan rápido reaccionamos con enojo y con impaciencia a algo que nos parece mal?

Otra característica del amor es que no es «grosero» («no hace nada indebido», dice la RVR 1960). Eso significa que no respondemos a alguien que ha dicho o está haciendo algo que no nos gusta con burla o con sarcasmo (incluso cuando esté equivocado). La burla y el sarcasmo son herramientas que usamos comúnmente para hacer parecer como ridícula la opinión o postura de alguien. Creo que por eso «jactancioso», «arrogante» y «egoísta» son otras maneras de expresar el orgullo, que es contrario al amor. Elevarnos por encima de los demás y rebajar y humillar a otros tanto como podamos es una manera común en la que notamos la ausencia del amor.

Hay muchos estudios sobre el capítulo 13 de 1 Corintios, pero estos son solo algunos ejemplos sobre cómo la unidad es central a la vida y testimonio de la iglesia, y cómo en el corazón de la unidad está el amor como motor y motivación de todo lo que hacemos. Cuando minimizamos la importancia de la unidad y justificamos la división de la iglesia, también menospreciamos su principal misión: reflejar a la cabeza de la iglesia, que es Cristo. La vida de Bernabé, como hijo de consolación, es una vida que ama, atesora y trabaja incansablemente para experimentar y disfrutar la unidad del Cuerpo de Cristo.

La amenaza a la unidad

En mi experiencia, muchas de las tensiones en la iglesia que causan división son simplemente cuestiones de preferencias. Nuestra poca flexibilidad para ceder en cosas que ni siquiera son pecado, sino simplemente diferentes maneras de hacer las cosas causan problemas que van creciendo hasta que explotan en peleas que dañan al cuerpo de Cristo. Aquí podemos aplicar los principios que vimos en el capítulo anterior relacionados a dar el beneficio de la duda, pero con una perspectiva no solo individual sino de comunidad.

Un ejemplo de las tensiones comunes se puede ver en los grupos de alabanza. He tenido que conciliar entre músicos muchas veces. La queja de que alguien toca muy fuerte (como el baterista), o que alguien no ensayó suficiente las canciones o que alguien no merece estar al frente son quejas comunes. Aunque estas observaciones sean genuinas y válidas, tenemos que preguntarnos varias cosas antes de hacerlas.

1. ¿Cómo puedo hacer la observación con gracia?

Podemos decir algo cierto, pero decirlo de una manera incorrecta. Cuando nos mostramos molestos por algo que ni siquiera es pecado, sino simplemente el resultado de una personalidad diferente y de preferencias diferentes, podemos hacer que algo que se hubiera solucionado con palabras de gracia y amor se convierta en un problema innecesario.

¿Cómo puedo comentar algo que podría ser ofensivo de una manera que anime? Una sugerencia que suele funcionar es empezar la conversación con dos o tres cosas positivas y de ánimo, aunque no tengan que ver con la crítica que después vamos a hacer. Aprendí este principio cuando mi ahora esposa y yo estábamos tomando un curso prematrimonial. El capítulo hablaba de las maneras en que podemos suavizar la tensión que a veces se genera entre parejas.

La sugerencia era la siguiente: «Puedes decirle la crítica que tú quieras a tu cónyuge, pero la regla es, primero tienes que decir cinco cosas que te gustan de él / ella». En la práctica, es mucho más fácil pensar en cosas negativas sobre alguien que en cosas positivas. El esfuerzo que requiere poder hacer una lista de cinco cosas buenas antes de poder decir una mala es una excelente práctica no solo para el matrimonio sino también para la iglesia. Me parece que el radio 5 a 1 es correcto para contrarrestar nuestra tendencia hacia criticar a otros.

No nos damos cuenta de cuánto de lo que decimos de otros es negativo porque estamos demasiado acostumbrados a decir y a escuchar críticas. Yo me di cuenta de esto cuando hace muchos años tuvimos la visita de una misionera en nuestra iglesia. Las semanas que estuvo con nosotros, algo me empezó a parecer diferente en su manera de hablar de otros. Cada vez que hablaba, todo estaba enfocado a ser positivo y de ánimo. Ella se la pasaba hablando bien de otros, era demasiado evidente que su actitud era diferente. Pero ¿por qué era tan extraño escucharla? Es porque no estamos acostumbrados a hablar cosas buenas de otros principalmente. Pero esta misionera era un ejemplo claro de cómo se ve ser una «hija de consolación».

Especialmente cuando tenemos sentimientos negativos y de crítica hacia alguien, tenemos que ser intencionales en buscar ser de ánimo. Nuevamente quiero recordarte: estoy hablando especialmente de los casos en los que realmente no estamos lidiando con pecados sino con preferencias y personalidades diferentes.

Aunque el pecado sí tiene que ser confrontado de una manera directa y a veces severa, también tenemos que balancear nuestra confrontación con amor y gracia. Pablo nos exhorta a siempre acompañar la verdad con amor:

> Más bien, al hablar la verdad en amor, creceremos en todos los aspectos en Aquel que es la cabeza, es decir, Cristo, de quien todo el cuerpo, estando bien ajustado y unido por la cohesión que las coyunturas proveen, conforme al funcionamiento adecuado de cada miembro, produce el crecimiento del cuerpo para su propia edificación en amor (Ef. 4:15-16).

¿Por qué tiene que enfatizar Pablo la manera de que debemos hablar la verdad? Porque es muy fácil hablar verdad olvidando la gracia. Es fácil confrontar algo que no nos parece olvidando el segundo mandamiento más importante: «Amarás a tu prójimo como a ti mismo». Cuando confrontamos a alguien, debemos hacerlo con amor. Especialmente cuando estamos confrontando a otro miembro de la iglesia de Dios.

2. ¿Qué tanto debe escalar la tensión sobre este tema?

Una frase que debemos recordarnos una y otra vez cuando hay conflictos es: escoge tus batallas. Me sorprende la cantidad de problemas con los que tenemos que tratar en la iglesia que empezaron con un simple malentendido. Muchas veces dejamos que cosas pequeñas se conviertan en cosas grandes. Cuando nos molestamos por alguna conducta en otros, tenemos que estarnos preguntando constantemente, ¿cuáles son las implicaciones finales de esta conducta? ¿Quiero estresarme y desgastarme sobre un asunto que realmente no tiene mayores consecuencias para la iglesia? Por ejemplo, si alguien no tiene la misma ética de trabajo que nosotros, es fácil que la crítica y el enojo nos hagan reaccionar de una manera desproporcionada. Alguien no hizo bien el aseo de la iglesia, y escuchamos: «¡No puede ser! ¡Tenemos que hacer las cosas bien para el Señor!». Aunque eso sea cierto, ¿qué tanto debo enojarme con el que no hace las cosas como yo? Puedo sugerir y animar a esa persona a hacerlo mejor, pero enojarnos sobre la limpieza probablemente no sea de beneficio para el crecimiento de la iglesia. Escoger nuestras batallas implica entender qué clase de consecuencias eternas tiene el asunto con el que estamos lidiando.

Este principio también es verdad en relación a las convicciones y controversias teológicas. En su libro, *Escoge tus batallas*, Gavin Ortlund explica la diferencia entre doctrinas bíblicas:

- Las doctrinas primarias son esenciales para el evangelio
- Las doctrinas secundarias son urgentes para la Iglesia (pero no esenciales para el evangelio)
- Las doctrinas terciarias son importantes para la teología cristiana (pero no esenciales para el evangelio o necesariamente urgentes para la Iglesia)
- Las doctrinas cuaternarias son indiferentes (no tienen importancia teológica)

El balance que debe existir en cómo abordamos diferencias teológicas con otros es compleja pero sumamente importante porque puede crear división donde no tiene que haber división y también puede crear un sentido falso de unidad donde no debería haber unidad. Las *doctrinas primarias* nos unirían con muchos grupos y denominaciones que tienen claro el fundamento de la fe cristiana en cuanto a quién es Dios, cómo somos salvos y qué autoridad tiene la Biblia. Las *doctrinas secundarias* nos unirían con denominaciones que comparten estos principios teológicos, que aunque no son esenciales para la salvación, nos ayudan a poder trabajar juntos y si estamos en desacuerdo a lo mejor no podríamos ser miembros de la misma iglesia (por ejemplo la doctrina del bautismo, los dones espirituales, los roles de hombres y mujeres). Estoy consciente que en esta lista hay diferentes grados de importancia. Las *doctrinas terciarias* se pueden tener aún dentro de la misma iglesia. Son doctrinas que cuando diferimos en ellas, aunque importantes, no deberían afectar la manera en que trabajamos juntos dentro de una misma iglesia local (escatología, edad de la tierra, etc.). La *cuarta categoría* cae completamente dentro de lo que llamamos preferencias y tradiciones. Esas prácticas están fuera del texto bíblico y caen dentro de la libertad y del discernimiento en la vida cristiana (forma de vestir, estilos de música, liturgia).

Tristemente he visto iglesias elevar la cuarta categoría al nivel de doctrinas primarias donde han convertido sus preferencias y tradiciones en la batalla principal de la iglesia. Hay iglesias que no tienen comunión con otras basadas en el uso del velo, o en cuántas copas se usan para celebrar la santa cena. Tenemos que pedir sabiduría de Dios para balancear correctamente nuestras convicciones doctrinales que traen unidad o división a la iglesia.

Por un lado, podemos tener la tendencia a lo que Gavin Ortlund llama «minimalismo doctrinal». El minimalismo doctrinal ignora la importancia de toda doctrina como base para la unidad.

Y aunque el minimalismo doctrinal es peligroso en la iglesia, también existe el peligro del sectarismo teológico que eleva doctrinas secundarias, terciarias y cuaternarias a un nivel que causa división innecesaria con otros cristianos.

La unidad de la iglesia es importante porque refleja la unidad de Dios en las Personas de la trinidad y porque refleja la unidad que Dios tiene con nosotros. Así es como Jesús expresó la importancia de la unidad:

> Pero no ruego solo por estos, sino también por los que han de creer en Mí por la palabra de ellos, para que todos sean uno. Como Tú, oh Padre, estás en Mí y Yo en Ti, que también ellos estén en Nosotros, para que el mundo crea que Tú me enviaste.
>
> La gloria que me diste les he dado, para que sean uno, así como Nosotros somos uno: Yo en ellos, y Tú en Mí, para que sean perfeccionados en unidad, para que el mundo sepa que Tú me enviaste, y que los amaste tal como me has amado a Mí (Jn. 17:20-23).

Jesús estaba orando por la unidad de Sus apóstoles y de la iglesia. El anhelo de Dios es que tengamos una unidad profunda con Él que refleje la misma unidad que hay entre el Padre y el

Hijo, y que esa unidad que tenemos con Dios se refleje en la unidad que tenemos unos con otros como iglesia. Lamentablemente, muchas veces la unidad no parece ser prioridad en la iglesia, sino el orgullo de tener la razón. Queremos ser vistos como los que somos sabios, con experiencia, que pocas veces nos equivocamos. Preferimos tener la razón que ser flexibles y aceptar un punto de vista diferente al nuestro.

La humildad: el antídoto contra el peligro del orgullo

Es increíble lo sutil que es el orgullo. Es un pecado que muchas veces se disfraza de piedad. Se disfraza así porque a veces se justifica al defender lo que es «verdadero» y «correcto». No estoy diciendo que no debemos tener convicciones y defender esas convicciones. Tenemos que defender nuestras ideas y también ser decisivos en nuestras convicciones para poder liderar a otros. Pero el peligro es que nuestras convicciones y preferencias se conviertan en una realidad que nos ciega y nos hace sordos a las opiniones de otros. Mira algunas de las advertencias que Dios hace contra el orgullo:

> ¿Cómo pueden creer, cuando reciben gloria los unos de los otros, y no buscan la gloria que viene del Dios único? (Jn. 5:44).
>
> El día señalado, Herodes, vestido con ropa real, se sentó en la tribuna y comenzó a hablarles. Y la gente gritaba: «¡Voz de un dios y no de un hombre es esta!». Al instante un ángel del Señor lo hirió, por no haber dado la gloria a Dios; y Herodes murió comido de gusanos (Hch. 12:21-23).
>
> Pero después Ezequías se humilló, quitando el orgullo de su corazón, tanto él como los habitantes de Jerusalén, de modo que no vino sobre ellos la ira del SEÑOR en los días de Ezequías (2 Cr. 32:26).

> Entonces Él abre el oído de los hombres,
> Y sella su instrucción,
> Para apartar al hombre de sus obras,
> Y del orgullo guardarlo (Job 33:16-17).

> No debe ser un recién convertido, no sea que se envanezca y caiga en la condenación en que cayó el diablo (1 Ti. 3:6).

Y la más severa advertencia contra el orgullo viene de entender la misma naturaleza del evangelio, el cual está diseñado por Dios para destruir nuestro orgullo al encontrar completa y absoluta dependencia en Él y en Su obra por nosotros:

> ¿Dónde está, pues, la jactancia? Queda excluida. ¿Por cuál ley? ¿La de las obras? No, sino por la ley de la fe. Porque concluimos que el hombre es justificado por la fe aparte de las obras de la ley (Ro. 3:27-28).

La Biblia confronta tanto el orgullo que me he dado cuenta que una de mis peticiones más necesarias delante de Dios en oración tiene que ser: «Señor, muéstrame el orgullo que puede haber en mi corazón. Me doy cuenta de que puedo estar completamente ciego a una actitud de orgullo que está creciendo y se está manifestando en mi vida. Ayúdame a manifestar genuina humildad en mi trato a otros al reflejar cómo me has tratado tú sin merecerlo».

Aprendiendo a «Timotear»

Yo aprendí mucho de mi papá. Cuando mi esposa y yo decidimos venir a México para apoyar a mi papá con una nueva plantación en el 2001, tuve la oportunidad de trabajar junto con él en la enseñanza y discipulado de la iglesia. Mi experiencia en el discipulado era muy limitada, pero tuve la oportunidad de ver de cerca cómo lo hacía él durante 17 años, hasta que falleció en el 2018.

A mi papá le gustaba usar el término «Timotear». La idea era la responsabilidad que un líder en la iglesia tiene de estar entrenando constantemente a otros en el ministerio. Pablo buscó a Timoteo para que aprendiera cómo se llevaba a cabo el ministerio del evangelio. Lo entrenó tan bien que podía decirles a los Corintios que Timoteo iba como su representante, y lo que él enseñara sería lo mismo que Pablo enseñaría (1 Co. 4:17).

De hecho, lo que Pablo hizo con Timoteo es lo mismo que Bernabé hizo con Pablo. Bernabé entrenó a Pablo, porque Bernabé es el que fue intencional en buscar oportunidades para Pablo en el ministerio. Lo que sucedió en Antioquía fue preparación para que Pablo pudiera entender mejor cómo es plantar una iglesia al estar allí un año enseñando. Esa iglesia es la que respaldó su testimonio y ministerio junto con Bernabé para salir a otros lugares a replicar lo que había sucedido en Antioquía cuando algunos de Chipre y de Cirene tuvieron el valor de predicarle el evangelio a gentiles.

Así que cuando Pablo y Bernabé se separaron, Pablo tenía algo muy claro: *Tengo que preparar a otros para el ministerio así como yo fui preparado para el ministerio.* Pablo buscó intencionalmente no solo a un compañero de viaje en Silas, sino que buscó a alguien más joven que pudiera seguir adelante con el ministerio de predicación y discipulado con la misma autoridad e impacto con el que él mismo lo hacía.

Si Dios te ha llamado a ejercer algún ministerio en la iglesia, también te ha llamado a «Timotear». Mi papá lo hacía constantemente al buscar oportunidades en la iglesia para jóvenes con potencial de servicio. Él les pedía a otros pasar a dar los anuncios del domingo, a orar durante el servicio, a compartir alguna meditación de la Palabra o a dirigir cantos durante el tiempo de alabanza. Esta intencionalidad era evidente. No se trata de poner a cualquiera a participar en la iglesia. Tenemos que conocerlos y conocer su testimonio. Pero la tendencia en la iglesia hoy en día me parece que es hacer menos común la oportunidad de participación, de responsabilidad y de equivocarse. Tenemos miedo de la inexperiencia y de los errores que esa inexperiencia puede producir. Pero tenemos que tomar el riesgo. Tenemos que buscar oportunidades para que cristianos relativamente nuevos tengan la oportunidad de madurar al ser puestos en posiciones de responsabilidad gradual. No podemos madurar si no tenemos la oportunidad de equivocarnos.

La pregunta de todos los que tenemos una posición de autoridad y liderazgo es: «¿A quién estoy timoteando?». ¿Quién es alguien a quien estoy constantemente impulsando para crecer y madurar? Nuestros ministerios en la iglesia no son eternos. En cualquier momento podemos pasar a la próxima etapa de nuestra comunión con Dios a través de la muerte. Si eso sucediera hoy, ¿quién tomaría nuestro lugar en la iglesia? Todos los días seamos intencionales en la preparación para poder responder esa pregunta.

Requiere humildad poder impulsar y promover a alguien más. Normalmente nosotros queremos estar al centro de nuestros ministerios. No quiero ser demasiado crítico con el siguiente punto, pero ¿por qué le pondría mi propio nombre a mi ministerio u organización? Creo que la sabiduría que tuvo R. C. Sproul para llamar a su ministerio *Ligonier* permitió que pudiera crecer aún más después de su muerte. El ministerio de John Piper se llama *Desiring God.* Esto permite que sea más fácil que otros puedan representar y seguir adelante con el corazón de estos ministerios aun cuando su fundador ya no esté. Es un peligro cuando una iglesia o un ministerio gira en torno y tiene demasiada dependencia de su líder principal o fundador.

Es extremadamente tentador para mí querer ser el centro de atención. Quiero ser recordado, tener un legado de impacto y ser valorado por encima de otros. Al estar escribiendo este libro, estoy constantemente pensando: «¿Cómo van a recibir lo que estoy escribiendo otros cristianos? ¿Se va a vender bien o será un fracaso para la editorial?». Hay mucha presión de un corazón orgulloso para hacer cosas que magnifiquen mi valor ante los demás.

Pero el principio de «Timotear» es una manera de quitarme del centro de mi ministerio. ¿Quién está aprendiendo a hacer lo que yo hago? ¿Me puede sustituir alguien más y aún hacerlo mejor que yo? Puede ser que el ministerio del que yo impulse sea más grande y de mayor impacto que el mío así como el de Pablo lo fue comparado con el de Bernabé. Pero con una perspectiva centrada en el evangelio y el reino de Dios como mi búsqueda principal, me puedo gozar genuinamente en la manera en que Dios decide usar a alguien más que no sea yo.

Consejos para «Timotear» mejor.

Si no estás activamente «Timoteando», permíteme sugerirte los siguientes pasos para hacerlo:

Ora intencionalmente para que Dios ponga a alguien a quien puedas mentorear.

Timotear es algo que estoy convencido que es bíblico y que todo líder de ministerio tiene que hacer. Pero es fácil que pase el tiempo y caigamos en la rutina y en lo ocupado de las responsabilidades ministeriales sin estar haciendo el tiempo para entrenar y preparar a alguien más. No es natural ser intencional en impulsar el ministerio de alguien más, así que si no recordamos orar por eso, probablemente no lo estamos haciendo y no pasará. No tengo duda que Dios puso una carga en el corazón de Bernabé por Pablo desde que se convirtió al Señor. Y aunque pasaron diez años entre su conversión y el comienzo de su ministerio en Antioquía, Bernabé probablemente estuvo orando para que Dios le presentara la oportunidad ideal para impulsar a Pablo. Durante diez años no se dio ninguna oportunidad específica en la que encajara Pablo, pero cuando Bernabé llegó a Antioquía y vio lo que estaba sucediendo en una iglesia gentil creciente donde la obra de Dios era evidente, supo que viajar 160 kilómetros (100 millas) para buscar a Pablo era algo que tenía que hacer porque Dios estaba contestando sus oraciones y dando una respuesta a la carga que tenía por descubrir cómo Dios quería usar a este fariseo perseguidor de cristianos que ahora era un fariseo evangelista apasionado.

Busca todas las oportunidades posibles para impulsar a tu Timoteo.

Una vez que Dios pone alguien en tu corazón con una carga para impulsarlo y entrenarlo en el ministerio, busca las oportunidades para que pueda crecer. Estas oportunidades no surgen normalmente de una manera espontánea, sino tenemos que esforzarnos por crearlas. Bernabé no tomó el camino fácil cuando se trató de buscar ayuda para el ministerio en Antioquía. Viajar 160 kilómetros (100 millas) en el primer siglo no era fácil. Lo que para nosotros serían unas horas para Bernabé habrían sido varios días de viajar por caminos difíciles y cansados, además de que también representaba un gasto económico.

Las incomodidades que podrían surgir para impulsar el ministerio de alguien más podrían ser un excelente pretexto para no hacerlo. En nuestras mentes egoístas podríamos justificar nuestra apatía e indiferencia por lo impráctico y difícil de ser intencional en crear oportunidades para otros.

Pero una parte esencial del liderazgo que entiende correctamente que el liderazgo es servicio, es que va a buscar no solo crear oportunidades para uno mismo, sino para aquellos que vienen detrás de nosotros.

Mark Dever dice:

> Las personas que delegan autoridad continuamente enseñan a aquellos a su alrededor que están más interesados en el éxito del evangelio, sin importar quién esté liderando.[6]

Juan Sánchez en su libro *La fórmula del liderazgo*[7] nos da algunos consejos prácticos sobre equipar y capacitar a los líderes bíblicos:

> Todo comienza con la presunción de que podemos hacer las cosas mejor y más rápido que los que tienen asignada una determinada tarea. En lugar de tomar el tiempo para equipar a los futuros líderes y capacitarlos para hacer una determinada tarea, lo hacemos nosotros mismos...
>
> Pero no debes únicamente equipar y entrenar a los líderes presentes y futuros; en algún momento, tendrás que dejar que lideren y darles margen para que fracasen...
>
> Debido a mi ministerio de predicación pública, para la congregación es evidente que soy el líder principal de la iglesia, así que depende de mí el recordar continuamente a la congregación que el liderazgo de nuestra iglesia es plural. Depende de mí dar crédito a los otros líderes cuando están liderando como deben. Depende de mí permitir que otros ancianos lideren tanto privada

6. Dever, Mark, *Discipular: Cómo ayudar a otros a seguir a Jesús* (Washington D. C.: 9Marks, 2016), 137.
7. Sánchez, Juan, *La fórmula del liderazgo* (Nashville: B&H Publishing Group, 2019), 57-58.

como públicamente. Nuestras reuniones de ancianos están dirigidas por nuestro presidente, no por mí; las reuniones de miembros son moderadas por nuestro presidente o vicepresidente, no por mí; la oración pastoral es ofrecida por alguno de los demás pastores, no por mí; la predicación del domingo por la noche la realiza uno de nuestros ancianos u otro miembro del equipo pastoral, y habitualmente, no soy yo. Aunque los líderes bíblicos tienen mucha responsabilidad, delegan en otros generosamente (Pág. 57-58).

Preguntas de discusión

¿Qué otras opciones tenía Bernabé cuando estaba en Antioquía en lugar de buscar ayuda en Pablo?

____

____

____

____

____

____

____

____

¿Por qué es sorprendente que la iglesia de Antioquía quisiera levantar una ofrenda para la iglesia de Judea?

Reflexión personal

¿Cuáles son algunas maneras en que busco solo el avance de mi propio ministerio?

¿Cómo es que estoy preparando a otros para hacer lo mismo que yo hago?

¿Cómo busco impulsar el ministerio y servicio de otros aunque no tenga nada que ver con el mío?

¿Cómo estoy activamente promoviendo la unidad de la iglesia?

____

____

____

____

____

____

____

____

____

Parte 4

Consolación cuando hay conflicto (Hch. 15:36-41) Continuar trabajando juntos vs. divisiones dolorosas

Principio

A veces, nuestras diferencias con otros pueden llevarnos a una separación que solo es el resultado de nuestra naturaleza caída. Incluso así, la obra de Dios continuará para Su gloria.

Texto bíblico

Después de algunos días Pablo dijo a Bernabé: «Volvamos y visitemos a los hermanos en todas las ciudades donde hemos proclamado la palabra del Señor, para ver cómo están». Bernabé quería llevar también con ellos a Juan, llamado Marcos, pero Pablo consideraba que no debían llevar consigo a quien los había desertado en Panfilia y no los había acompañado en la obra. Se produjo un desacuerdo tan grande que se separaron el uno del otro. Bernabé tomó consigo a Marcos y se embarcó rumbo a Chipre, pero

Pablo escogió a Silas y partió, siendo encomendado por los hermanos a la gracia del Señor. Y viajaba por Siria y Cilicia confirmando a las iglesias (Hch. 15:36-41).

Bosquejo del texto

La naturaleza humana: división y amargura

El orgullo de tener la razón
La batalla de la gracia frente a la ley
La realidad de personalidades y preferencias

La naturaleza divina: unidad y perdón

El reto de la unidad
Ef. 4:1-6; Ro. 12:16-18
El reto del perdón y la reconciliación
Col. 4:10; Flm. 24; 2 Ti. 4:11

Introducción: Tratando con desacuerdos en la iglesia

En este pasaje de Hechos 15 vemos el episodio más dramático y triste entre dos cristianos ejemplares y usados por Dios: la separación ministerial de Pablo y Bernabé. En el contexto de este pasaje tenemos el concilio que tuvo lugar en Jerusalén, donde el propósito era definir en qué consistía la salvación y si era necesario agregar cosas a la fe en Cristo Jesús (como la circuncisión), y si la justificación era por la gracia de Dios o por alguna otra obra de la ley. La conclusión a la que llegaron fue que no necesitaban ser circuncidados. Enviaron una carta especialmente a la iglesia de Antioquía, diciendo que solo querían recordarles de abstenerse de cuatro cosas, las cuales tenían que ver con la santificación y el apartarse de las prácticas paganas de los templos de ese tiempo, donde se sacrificaba y se ofrecía carne a los ídolos (Hch. 15:28-29). Después esa carne se vendía, y es por eso que se les pide que tuvieran cuidado con esa cuestión, así como con la prostitución en el templo y todos los aspectos relacionados con la idolatría y la asociación con otras religiones.

La importancia de la enseñanza

En el versículo 36 Pablo y Bernabé están en Antioquía. Ellos son algunos de los que regresaron con la carta, junto con Judas y Silas, quienes también fueron enviados a llevar esta carta y dar la conclusión del concilio. En el versículo 35 leemos que Pablo y Bernabé continuaron en Antioquía enseñando la palabra del Señor y anunciando el evangelio con muchos otros. Era necesario que permanecieran enseñando a la iglesia sobre estas costumbres y cuestiones sobre cómo vivir la vida cristiana en relación con el evangelio. Todo esto requería aún más instrucción, no solo la carta, sino una enseñanza continua sobre cómo es la vida cristiana y cómo debe vivirse.

Esto nos muestra la importancia de la enseñanza, de la predicación expositiva dentro de la iglesia. En el versículo 36, después de algunos días, Pablo le dice a Bernabé que volvieran a visitar a los hermanos en todas las ciudades donde habían anunciado la palabra del Señor para ver cómo estaban. Pablo, con su sentido pastoral de cuidado, estaba pensando en estas iglesias y en la necesidad de regresar para ver cómo habían recibido la carta, entre otras cosas.

Se cree que, después del concilio de Jerusalén, vino el invierno del año 48 d. C. Durante el invierno no era común viajar, no era fácil hacerlo en ese tiempo. La temporada de primavera era más propicia para visitar las iglesias. Se piensa que era la primavera del año 49 cuando llegamos al versículo 36, donde Pablo le sugiere a

Bernabé volver a visitar a las iglesias para verificar su estado espiritual y comprobar cómo habían recibido la enseñanza. Habían instituido ancianos en las iglesias y querían saber cómo se había fortalecido su liderazgo.

Pablo ama a estas personas y quiere pasar tiempo con ellas. Uno de los conceptos importantes sobre el discipulado es que no se trata solo de clases, sino de vivir juntos, motivarnos, edificarnos y orar unos por otros. El verdadero discipulado es un proceso de crecimiento conjunto en la comprensión de la Palabra de Dios y la vida en comunidad. Es mucho más que una clase de estudio bíblico; es un compromiso de cuidado mutuo y amor.

Este pasaje refleja el corazón pastoral de Pablo y su deseo de fortalecer a las iglesias que estableció en su primer viaje misionero. Un pastor no solo está preocupado por la enseñanza en la iglesia. También tiene que estar orando y trabajando para ver el crecimiento y santificación en las vidas de las personas.

Surge un desacuerdo

Pablo quiere regresar. Es primavera. Habla con Bernabé. En el versículo 37 se registra que Bernabé quería llevar consigo a Juan, quien tenía por sobrenombre Marcos. A Bernabé le parecía bien: *Si vamos a visitarlos, me gustaría animar a la gente. Eso es lo que he hecho toda mi vida como cristiano. Vamos a llevarnos a Marcos.* Pero a Pablo no le parecía bien llevar consigo a quien se había apartado de ellos desde Panfilia y no había ido con ellos a la obra. Esto generó un desacuerdo entre ellos, y se separaron. Una vez separados, «Bernabé, tomando a Marcos, navegó a Chipre, y Pablo, escogiendo a Silas, salió encomendado por los hermanos a la gracia del Señor, y pasó por Siria y Cilicia, confirmando a las iglesias».

Esto se lee muy rápido, y podríamos pensar que cada uno simplemente hizo algo diferente. Pero detengámonos a meditar sobre lo que realmente sucedió, cuál es el contexto de esto y qué podemos aprender de este conflicto entre Pablo y Bernabé. Hay muchas lecciones valiosas para nosotros como iglesia.

Desde la perspectiva de Bernabé, consideremos quién era para Pablo. Cuando Pablo se convirtió en el capítulo 9, en el camino a Damasco, se encontró con Jesús y quedó ciego. Después de recuperar la vista, intentó unirse a los discípulos en Jerusalén, pero todos le tenían miedo, pensaban que los estaba engañando. Sin embargo, Bernabé tomó a Pablo, lo llevó ante los apóstoles «y les contó cómo Saulo había visto al Señor en el camino, y que Él le había hablado, y cómo en Damasco había hablado con valor en el nombre de Jesús» (Hch. 9:27). Bernabé fue el único que abogó por Pablo al principio de su conversión, lo presentó a la iglesia y le dio una oportunidad.

Más adelante, Bernabé fue enviado por la iglesia de Jerusalén para revisar la obra en Antioquía, donde estaba creciendo una iglesia de gentiles convertidos. Bernabé asumió la responsabilidad de guiar a estos nuevos cristianos y se dio cuenta de que necesitaba ayuda. Fue a buscar a Pablo, quien se había escondido en Tarso por temor a ser asesinado. Juntos regresaron a Antioquía y trabajaron con pasión enseñando y predicando.

Después de llevar una ofrenda a Jerusalén para colaborar en contrarrestar el hambre que había profetizado Agabo, Pablo y Bernabé regresaron a Antioquía. Notemos la lista al principio del capítulo 13: «Bernabé, Simón, llamado Niger, Lucio de Cirene, Manaén, que se había criado con Herodes el tetrarca, y Saulo». Todos ellos eran líderes en la iglesia de Antioquía. Ya habían estado trabajando juntos en la iglesia y en el ministerio de muchas maneras. El Espíritu Santo guía a los líderes para decir: «Aparten a Bernabé y a Saulo para la obra a la que los he llamado» (Hch. 13:2), y así comienza su primer viaje misionero. Luego leemos que este viaje misionero comenzó en la isla de Chipre. Cruzaron la isla de Chipre y llegaron a Perge de Panfilia.

Hasta este punto, habían llevado como ayudante a Juan Marcos. Sabemos, por lo que leemos en Colosenses 4:10, que Juan Marcos era familiar de Bernabé. La interpretación más común es que era su primo. Algunas traducciones en griego lo traducen como sobrino, pero el punto es que estaba relacionado con Bernabé. Marcos y Bernabé eran familiares, por eso Marcos fue en el primer viaje misionero. Sin embargo, después de lo que sucedió en la isla de Chipre, dice el versículo 13 que Juan Marcos los dejó y volvió a Jerusalén.

Abandonados por Juan Marcos

El texto no nos explica por qué Juan Marcos los dejó, y aunque no parece haber habido ningún problema cuando leemos el capítulo 13, al llegar al capítulo 15 nos damos cuenta de que realmente hubo un conflicto. A Pablo no le gustó para nada que Juan Marcos los dejara, especialmente porque hasta ese momento ese primer viaje misionero no había sido tan difícil.

Entonces, aparentemente, Juan Marcos, por la razón que fuera, los abandonó porque no aguantaba más, no quería seguir. Algo lo desanimó, algo lo espantó. Algo hizo que no quisiera seguir esa ruta hacia Antioquía de Pisidia. Podría haber sido el miedo o el cansancio de tanto viajar, ya que en esa época viajar era difícil. No era como ahora que nos subimos al coche y vamos por la autopista, sino que en ese tiempo representaba cruzar terrenos difíciles a pie, con muchos riesgos, incluido el tener que dormir al aire libre, en ocasiones.

Juan Marcos era hijo de María (no María la madre de Jesús), en cuya casa había un cuarto donde comúnmente se reunían los discípulos. Al parecer era una casa grande y la familia tenía una buena posición económica. Entonces puede haber sucedido que Marcos simplemente extrañara las comodidades de su hogar. Por eso, creo que Juan Marcos no aguantó y se regresó a Jerusalén.

Pablo se da cuenta de que si Juan Marcos iba a actuar así, no tenía lo que se necesita para ser misionero. No podría ser una persona «delicada» y vivir la vida misionera. Si quieres ser misionero, no puedes decir: *Ay, necesito mi cama suavecita, mi ropa limpia, mi dieta especial.* Quizás Juan Marcos tenía todas esas cosas en casa y eso lo hizo regresar. Pablo se da cuenta de que Juan Marcos no tiene lo necesario para enfrentar los desafíos de la vida misionera. Pablo dice firmemente: *¡Yo no me lo llevo!*

Situaciones complejas

Hay otra situación que quiero conectar con lo que dice Pablo en Gálatas 2. Estoy especulando un poco, pero lo saco de lo que vemos allí. Cuando Pablo está narrando el conflicto que tuvo con Pedro con relación a los judaizantes, quienes presionaban para que no se juntaran con los gentiles y dieran preferencia a los judíos, formando su propio grupo e ignorando a los gentiles que se estaban convirtiendo, Pedro cedió ante esa presión porque era cómodo para él, principalmente. Pablo dice en Gálatas 2:13 que esa presión también contagió a Bernabé. Pedro arrastró a Bernabé dentro de esa tendencia a favorecer a los judíos e ignorar a los gentiles. Pablo tuvo que reprender a Pedro y, obviamente, también a Bernabé.

Entonces, parece que ya hay un poco de contexto aquí, un poco de frustración por parte de Pablo. Él dice: *No se rindan ante la presión, tienen que resistir.* Le dice a Bernabé: *Imagina si tú, que has vivido todas estas cosas conmigo, como ser apedreados, sacados de la ciudad, yendo de un lugar a otro enfrentando tribulaciones, cediste, imagina Juan Marcos. Tú no aguantaste la presión de los judaizantes. Necesito asegurarme de que van a estar conmigo en las cosas más difíciles que vivamos juntos.*

Otro detalle importante es que no se menciona al padre de Juan Marcos. Se menciona a su madre, y se menciona a Bernabé como su familiar. Es posible que la mamá fuera viuda y que él no tuviera padre. Aquí también hay un sentido de responsabilidad por parte de Bernabé hacia Juan Marcos, de cuidarlo, de ser su principal influencia espiritual, y de cumplir probablemente un compromiso con su mamá. Bernabé podría haber estado diciendo: *No tiene padre, yo soy como su padre. Yo soy responsable por él. Dale otra oportunidad. Sé que falló en ese momento, pero creo que vale la pena apoyarlo, darle otra oportunidad para servir al Señor. Creo que tiene lo que se necesita.*

Probablemente Marcos también está arrepentido por haberlos abandonado y está pidiendo que le den otra oportunidad. Él probablemente está diciéndoles que no volverá a abandonarlos. Pero Pablo no le cree. Reafirma: *No, no vamos a llevarlo.* El énfasis de este pasaje está en lo fuerte que fue la disputa entre Pablo y Bernabé. Hubo tal desacuerdo, algo continuo, tan intenso, que Pablo terminó diciendo: *Sabes, si quieres llevártelo, llévatelo, pero sin mí. O es él, o soy yo.* Así de grande fue el problema entre ellos.

¿Qué podemos aprender de esta historia? ¿Crees que los desacuerdos entre cristianos todavía suceden hoy? Este es uno de los pasajes más fuertes sobre la realidad que vivimos acerca de los conflictos entre cristianos. Quisiera que meditemos juntos sobre algunas de estas implicaciones.

La naturaleza humana: división y amargura

A lo largo de los años, en la vida de la iglesia y en el ministerio, he notado algo: por lo general, después de una victoria, después de algo que va bien, viene una lucha que pone a prueba esa victoria. El conflicto entre Pablo y Bernabé sucedió después del concilio de Jerusalén. Estaban tratando de traer unidad a la iglesia porque había habido una ruptura. Había dos corrientes que hablaban de diferentes cosas con respecto a la salvación.

Tenían que unirse, tenían que hacer un concilio, tenían que estar de acuerdo. Si iban a avanzar tenían que lograr la unidad. Y la lograron. El concilio de Jerusalén fue un éxito. Fue una victoria para el avance del reino, para el evangelio, para la iglesia de Dios. Justo después de eso, después de un triunfo tan grande, después de un evento tan importante en la historia de la iglesia, viene algo tan triste y trágico. Pablo y Bernabé, que eran los principales promotores de lo que había estado sucediendo hasta ese momento, ya no están unidos. Ya no están trabajando juntos en el ministerio. Esto fue un conflicto público. La iglesia sabía que estaban afrontando este conflicto, por eso está registrado.

En este punto, es natural que nos preguntemos quién tenía la razón. ¿Bernabé tenía razón o la tenía Pablo? En este conflicto, Lucas no nos dice quién tenía la razón. Muchos comentaristas, a pesar de que no lo afirman con total seguridad, tienen la tendencia de darle la razón a Pablo. Y los motivos por los cuales lo hacen son dos. Uno es porque en Hechos 15:40 se menciona específicamente que los que son encomendados por la iglesia son Pablo y Silas. Pero tengamos cuidado, porque el hecho de que no se mencione que encomendaron a Bernabé no significa que no lo hayan encomendado.

Pero el pasaje sí menciona que el encomendado fue Pablo. Por esto podemos deducir que la iglesia de Antioquía le dio la razón a Pablo. Al parecer, la tendencia de la iglesia fue apoyar a Pablo y no a Bernabé en la decisión. Desde la perspectiva de Lucas, parece que también quiere darle la razón a Pablo. ¿Por qué? Porque Bernabé ya no es mencionado más en todo el libro de Hechos. El que va a continuar siendo protagonista en los viajes y el ministerio es Pablo. Entonces, no sabemos con certeza quién tuvo la razón, pero tratemos de entender a los dos. Tratemos de entender qué es lo que están pensando ambos en esta discusión e intentemos comprender cómo sería abogar o defender el caso de cada uno, si nosotros fuéramos parte de esa iglesia.

El orgullo de tener la razón

¿Quién tenía la razón? Ese no es el punto de este pasaje. ¿Saben cuál es? El punto es que los dos pensaban que tenían la razón. Los dos pensaban que el otro era el que estaba equivocado. Eso sí queda claro. Pablo pensaba que Bernabé estaba mal y Bernabé pensaba que Pablo estaba mal. ¿Qué nos dice eso con respecto a los conflictos y los desacuerdos que surgen en la iglesia? Que tenemos un problema con el orgullo, por lo regular, porque generalmente pensamos que tenemos la razón. Tendemos a pensar que todos los que no piensan como nosotros están mal. Eso es lo que pensamos. Siempre tenemos nuestra manera de pensar y razonar las cosas de tal modo que debería ser obvio saber quién tiene la razón. ¿Por qué no lo ven? ¿Como no ven que tengo la razón en esto? ¿Cómo no ven que yo soy el sabio? ¿Cómo no ven que yo soy el que está actuando bíblicamente?

Así es como se dan los desacuerdos en la iglesia, porque existe el orgullo de que yo entiendo esto perfectamente. Y el otro no. Veamos el propósito de Lucas en registrar esta historia. Espero que ver que dos de los hombres más santos y más piadosos de la Biblia están en desacuerdo sea de ánimo y no de desaliento para ti. Si ellos no podían ponerse de acuerdo, ¡imagínate nosotros hoy! ¿Crees que habrá desacuerdos hoy entre creyentes? Muchísimos.

Pablo y Bernabé eran humanos, dados a las mismas pasiones, a las mismas tentaciones que nosotros. Aquí tienes los dos lados. Esto lo vemos en la iglesia todo el tiempo. ¿Qué hacemos? ¿Mostramos más severidad en la disciplina, diciendo: *No, así debe de ser*? ¿O mostramos más gracia?

La batalla de la gracia versus la ley

Creo que la respuesta que hayamos dado a la pregunta de quién tenía razón dice mucho acerca de nuestras personalidades. Porque a algunos nos gusta ser más estrictos y decir «no» a todo. Siempre nos aseguramos de que se sepa de que las reglas son para cumplirlas. Las personas con esa personalidad son poco flexibles. Algunos de nosotros tenemos esa tendencia.

Otros de nosotros somos del tipo que dice: *Hay que dar otra oportunidad. Yo sé que ya lleva diez veces cometiendo el mismo error, pero yo creo que ahí va, tengamos un poquito de esperanza de que está madurando. Vamos a perdonarlo. No le tomemos en cuenta esta falla.*

Cuando alguien ha cometido un error, ¿cómo lo tratamos? ¿Con paciencia o con disciplina y confrontación? Pablo hablaba fuerte. No buscaba la manera más dulce de decir las cosas. Cuando tú te atreves a decirle a alguien que es hijo del diablo (Hch. 13:10), o escribir una carta con la frase «Gálatas insensatos» (Gá. 3:1), se podría decir que no eres «diplomático» en tu manera de decir las cosas. Es esa frustración que Pablo muestra en las palabras que usa.

Pero hagamos un pequeño ejercicio. Si pudieras escoger, ¿con quién te habría gustado viajar y trabajar? ¿Con Pablo, o con Bernabé? ¿A quién escogerías de compañero? Creo que con Bernabé, por lo menos a mí. Él me parece más amigable, más amistoso para trabajar.

Hay algo que también quiero que veas. Es algo que Pablo percibía pero quizá Bernabé no. ¿Cuántas veces la preferencia hacia la familia afecta nuestra capacidad de considerar las cosas objetivamente? Todos tenemos la tendencia de tratar de proteger a alguien porque es de nuestra familia, tratar de no ver sus defectos porque es familia, y no poder evaluar objetivamente una situación porque se trata de alguien cercano. Yo me imagino a Bernabé diciendo: *Es que es mi primo, yo lo conozco desde bebé, yo le cambiaba sus pañales.* Y Pablo respondía: *No me importa que sea tu primo, no viene con nosotros. No me importa cuánto lo quieras, no me importa cuán consentido haya sido durante su vida y que tú quieras seguir consintiéndolo, yo no lo voy a consentir.*

¿Te das cuenta que hay dos perspectivas aquí y no sabemos realmente cuáles son todos los argumentos y todo el razonamiento de esta discusión, tanto de un lado como del otro? Bernabé era «hijo de consolación», era alguien que se caracterizaba por dar una segunda oportunidad. Yo me imagino a Bernabé hasta recordándole a Pablo: *Acuérdate de que yo soy el que te apoyó cuando nadie te creía. Acuérdate.* Y luego Pablo diciéndole: *Acuérdate que yo soy el que te confrontó cuando andabas con Pedro y con los judaizantes.* No sé hasta qué nivel se elevó la conversación y todo lo que se habría dicho. ¡Estoy usando mi imaginación, lo sé! Pero el punto es este: Pablo piensa que Juan Marcos simplemente no tiene lo que se necesita para ser misionero. Ese no es su ministerio. ¿Por qué mejor no ponerlo a ministrar en otra área? Pablo simplemente no ve a Juan Marcos equipado para el tipo de trabajo que están desarrollando como misioneros.

Así también es la realidad de la iglesia. Esta es la realidad del cuerpo de Cristo. Es inevitable que haya desacuerdos. A veces, aun los hombres más piadosos, más santos, no pueden ponerse de acuerdo, y a veces es necesario separarse. Estaba leyendo una encuesta, un estudio sobre misioneros. ¿Saben cuál es la razón número uno por la cual los misioneros abandonan el campo misionero? Es por conflictos con otros misioneros.[8] Es la principal razón por la que renuncian a la labor misionera. No es por el conflicto cultural, los ataques ni la persecución. Es porque no pueden ponerse de acuerdo con otros misioneros.

Yo veo este pasaje y pienso, ¿no habría podido Pablo ceder un poquito aquí? No pudo haber dicho: *¡Bueno, lo llevamos. Si*

8. Akin, Paul, «The number one reason missionaries leave the field» (Baptist Press, 6 de junio de 2017) https://www.baptistpress.com/resource-library/news/the-number-one-reason-missionaries-leave-the-field/#:~:text=RICHMOND%20(BP)%20—%20The%20most,Yes%2C%20you%20read%20that%20correctly.

nos vuelve a abandonar, nos vuelve a abandonar, ¡seguimos sin él! Pienso que así lo hubiera resuelto yo. No hubiera querido perder a Bernabé como compañero de ministerio. ¿Y quién de nosotros se aferraría a algo tanto como para perderse la oportunidad de trabajar con el apóstol Pablo? Tendría que haber sido un tesoro para Bernabé escuchar a Pablo predicar y enseñar ciudad tras ciudad. Estoy seguro de que Pablo amaba a Bernabé. Yo creo que apreciaba tanto a Bernabé, no solo porque era su hermano en Cristo sino también por todas las cosas que habían pasado juntos. Habían vivido toda clase de tribulaciones juntos. Si las cosas buenas nos unen, las cosas malas que nos pasan nos unen aún más. Si tú vives una experiencia mala junto a alguien, eso te va a unir más a esa persona. Es una buena experiencia pasar por tribulación con otra persona. Esas experiencias negativas traen un cierto grado de unidad, y creo que Pablo y Bernabé tenían esa clase de unidad. Habían pasado cosas terribles juntos, habían pasado persecución juntos.

La realidad de personalidades y preferencias

Cada uno de ellos está tan aferrado a su punto de vista que Pablo está dispuesto a dejar ir a uno de los hombres más piadosos, más amorosos y con más gracia que existió en la primera iglesia. Por eso le pusieron así su apodo de «hijo de consolación». Bernabé está dispuesto a dejar de trabajar con el apóstol probablemente más influyente de la primera iglesia, que iba a escribir la mayoría de las cartas del Nuevo Testamento. ¿Se dan cuenta lo trágica que es esta historia? El desacuerdo no es sobre doctrina. No es como lo del consejo de Jerusalén, donde no se ponen de acuerdo sobre cómo es la salvación. Ellos están completamente de acuerdo en la doctrina. En lo que ellos no están de acuerdo es en preferencias, es un asunto de personalidad y preferencias, eso es lo que los divide en este punto de sus vidas.

De acuerdo con lo que leemos en la Biblia, nunca más volverían a trabajar juntos. Aunque no lo sabemos con certeza. Hay una mención de Bernabé en 1 Corintios 9:6, de parte de Pablo, que es posterior a esta desavenencia, pero no es en relación a su trabajo unido sino que simplemente Pablo reconoce el ministerio de Bernabé. Por lo que sabemos, este fue el final de esa relación en cuanto al ministerio. Es una historia triste..., pero nos manifiesta la realidad de la iglesia. Y nos muestra la realidad de lo que nosotros vivimos hoy en día también.

La naturaleza divina: unidad y perdón

¿Cuáles son las cosas buenas que existen dentro de esta historia, de las cuales podemos aprender? Este relato nos muestra la gran importancia de que, a pesar de la inevitabilidad de nuestra naturaleza pecaminosa que tiende hacia la división y la amargura cuando no podemos ponernos de acuerdo, también como cristianos tenemos una nueva naturaleza de unidad y perdón. Es en medio de esos conflictos donde puede brillar más la gracia de Dios y Su perdón. Gracias a Dios por los desacuerdos, gracias a Dios porque nos peleamos, porque eso muestra que podemos actuar diferente a cómo actuaríamos si no tuviéramos a Dios en nuestras vidas. ¿Crees que Dios estaba en control o crees que Dios dijo: *Yo tenía otros planes para ustedes, Pablo y Bernabé, pero ahora ya ni modo, no van a funcionar*? Dios sabía lo que sucedía. Él permitió que en este punto hubiera una ruptura en la relación.

Analicemos dos aspectos que representan un desafío para nosotros. Vamos a encontrar desacuerdos y problemas entre nosotros porque somos humanos y nos cuesta estar juntos y trabajar unidos, pero tenemos dos retos delante que nos presenta aquí esta historia.

El reto de la unidad

Me parece que Pablo, al cabo de los años, asimiló esta situación y lo mucho que le costó. Yo creo que fue doloroso para él partir del lado de Bernabé, y creo que muchas veces debe haberse acordado de esa situación. Aunque no sabemos lo que pensó Bernabé, tenemos lo que Pablo escribió después. Eso es lo que Pablo refleja en lo que escribió en Efesios 4:1-6: «Yo, pues, prisionero del Señor, os ruego que viváis de una manera digna de la vocación con que habéis sido llamados, con toda humildad y mansedumbre, con paciencia, soportándoos unos a otros en amor, esforzándoos por preservar la unidad del Espíritu en el vínculo de la paz. Hay un solo cuerpo y un solo Espíritu, así como también vosotros fuisteis llamados en una misma esperanza de vuestra vocación; un solo Señor, una sola fe, un solo bautismo, un solo Dios y Padre de todos, que está sobre todos, por todos y en todos» (LBLA).

¿Será que Pablo escribió esto recordando a Bernabé? Yo pienso que sí, y que también escribió Romanos 12 evocando a Bernabé. En Romanos 12:16 dice: «Tened el mismo sentir unos con otros; no seáis altivos en vuestro pensar, sino condescendiendo con los humildes. No seáis sabios en vuestra propia opinión» (LBLA). Me parece que Pablo está reflexionando aquí acerca de su propia vida y de su experiencia con Bernabé. Él reconoce que la vida como cristianos es difícil, que va a haber conflictos y diferencias, y que hay personas propensas a la división. Hay quienes son gente conflictiva y divisiva en la iglesia y no podemos detenernos para darles la razón y ser flexibles, sino que tenemos que confrontarlas, y si es necesario, sacarlas de la comunión de membresía en la iglesia a través de la disciplina.

El reto del perdón y la reconciliación

Sin embargo, Pablo también enseña que debemos esforzarnos por la paz con todos los hombres, en la medida de lo posible (Ro. 12:18).

No siempre será posible, pero debemos hacer todo el esfuerzo por mantener la unidad y la paz. A veces habrá división, pero debemos ser flexibles en lo no esencial, aprendiendo a soportarnos unos a otros, respetando las diferentes formas de pensar, hablar y actuar. Si queremos ser la iglesia de Cristo y avanzar con una misma meta, que es la proclamación del evangelio, debemos reflejar un mismo espíritu de unidad y amor, al reconciliarnos cuando surjan los conflictos.

La parte más hermosa de toda esta historia es lo que sucede diez años más tarde. Después de que Pablo le dijera a Bernabé que nunca jamás se llevaría a Juan Marcos, Pablo le escribe a los colosenses. Y este es el reto del perdón y de la reconciliación, porque lo que nos deja ver bien claro la Palabra de Dios en las cartas de Pablo es que la situación entre Pablo y Bernabé se reparó.

El problema no era con Bernabé sino con Juan Marcos. Pablo escribió después acerca de Juan Marcos. Mira lo que dice en Colosenses 4:10: «Aristarco, mi compañero de prisión, les envía saludos. También Marcos, el primo de Bernabé, (acerca del cual ustedes recibieron instrucciones. Si va a verlos, recíbanlo bien)». Esto comienza a reflejar algo acerca de cómo evolucionaría esta historia más adelante, en la que Pablo le da otra oportunidad a Juan Marcos de servir con él.

Pablo acepta a Juan Marcos dentro del ministerio y se da cuenta de varias cosas. Veamos lo que dice en Filemón 23 y 24: «Te saluda Epafras, mi compañero de prisión en Cristo Jesús; también Marcos, Aristarco, Demas y Lucas, mis colaboradores». Ellos son los que lo ayudan todo el tiempo, son fieles, y siguen con él hasta este punto.

Justamente al final del ministerio de Pablo, en la última carta que escribe, 2 Timoteo, encontramos una nueva perspectiva acerca de Juan Marcos. En Hechos 15 Pablo alegaba que Juan Marcos no servía para el ministerio que a él (Pablo) le había sido encomendado. Pero en 2 Timoteo 4:11, dice: «Solo Lucas está conmigo. Toma a Marcos y tráelo contigo, porque me es útil para el ministerio». ¡Increíble! Aquí vemos la nueva perspectiva de Pablo acerca de Juan Marcos. Ahora piensa que le «es útil». A través de los años, Pablo ha comprobado que Dios sí quería usar a Marcos para el ministerio, y que él, Pablo, tenía que darle otra oportunidad.

En 1 Pedro 5:13, Pedro se refiere a Juan Marcos como su hijo, lo que indica una relación cercana entre Juan Marcos y los apóstoles, incluyendo a Pablo. A pesar de que Juan Marcos cometió un error al abandonar a Pablo y a Bernabé en el primer viaje misionero, siguió sirviendo fielmente al Señor. La lección aquí es que ningún cristiano está más allá de la esperanza de la recuperación y restauración para poder servir a Dios.

Aunque Juan Marcos cometió un error al principio, eso no significó que no pudiera volver a servir a Dios. Siempre hay esperanza, sin importar los errores que hayamos cometido en el pasado. Dios puede usar a cualquier persona, incluso a Juan Marcos, quien finalmente escribió un libro que ahora está en nuestras Biblias, el Evangelio según San Marcos. Escribir un libro de la Biblia es un logro significativo en el servicio a Dios, y demuestra que el trabajo de Dios prevalecerá a pesar de nuestras fallas, desacuerdos y acciones que no lo honran. A pesar de todo, Dios será glorificado.

En esta historia, lo que iba a ser una sola misión se convirtió en dos misiones. Bernabé se fue a Chipre con Juan Marcos donde, de acuerdo con la tradición cristiana, murió después de desarrollar una iglesia fuerte y fiel que se mantuvo a lo largo de los siglos. Dios quería que Bernabé fuera a Chipre. Dios tenía un plan específico para Bernabé y otro para Pablo, y ambos planes se cumplieron a pesar de los desacuerdos y las debilidades humanas.

Esta historia nos anima a reconocer que Dios trabajará en nuestra iglesia a pesar de nuestras discrepancias, debilidades y errores.

Poniéndolo en práctica en nuestra vida

El dolor de la separación

Aunque el texto no dice específicamente quién tuvo razón en este argumento, y puede que tú pienses diferente (¡y está bien!), yo tengo una fuerte sospecha de que el que estaba equivocado era Pablo (volveremos a esto al final del capítulo). A veces leemos esta historia con la conclusión errónea de que esta separación era inevitable. Pensamos que ambos estaban en lo correcto. Pero aunque ambos podrían tener argumentos válidos y también ambos podrían tener errores que contribuyeron al problema, uno de los dos tendría mayor responsabilidad en la ruptura de la relación.

Digo esto con convicción, porque esa es la raíz de los problemas que hay entre dos personas: el pecado. La voluntad de Dios es que manifestemos unidad. Cuando terminamos tomando caminos diferentes, no estamos reflejando correctamente el poder transformador y restaurador del evangelio. En la iglesia he visto una y otra vez cómo la gente es incapaz de resolver sus diferencias. No pueden remediar la situación, no porque no tengan los recursos de la guía del Espíritu y la gracia de Dios para perdonar y restaurar la relación, sino porque una de las dos partes (o ambas) se atascan en el pecado del orgullo y no ceden en el momento de mayor tensión. A menudo toman una decisión de consecuencias irreversibles, que después causará remordimiento y dolor (lo cual sucedió con Pablo y Bernabé).

Así es el divorcio de un matrimonio. Los problemas matrimoniales nunca son culpa de ambos de manera proporcional. Siempre son culpables ambos, pero las fracturas de la relación siempre son mayor responsabilidad de uno de los dos. Al fin de cuentas, el pecado en nuestras vidas sigue siendo lo que lleva a más pecado, como el divorcio, y a consecuencias más severas y tristes como resultado de esas decisiones.

En 1 Corintios 7 Pablo aconseja que si hay divorcio, que sea como consecuencia de la decisión del no creyente. La responsabilidad del cristiano siempre debe ser buscar la restauración y reflejar el amor y la unidad que vienen del perdón:

> A los casados instruyo, no yo, sino el Señor: que la mujer no debe dejar al marido. Pero si lo deja, quédese sin casar, o de lo contrario que se reconcilie con su marido, y que el marido no abandone a su mujer.
>
> Pero a los demás digo yo, no el Señor, que si un hermano tiene una mujer que no es creyente, y ella consiente en vivir con él, no la abandone. Y la mujer cuyo marido no es creyente, y él consiente en vivir con ella, no abandone a su marido. Porque el marido que no es creyente es santificado por medio de su mujer; y la mujer que no es creyente es santificada por medio de su marido creyente. De otra manera sus hijos serían inmundos, pero ahora son santos. Sin embargo, si el que no es creyente se separa, que se separe. En tales casos el hermano o la hermana no están obligados, sino que Dios nos ha llamado para vivir en paz. Pues ¿cómo sabes tú, mujer, si salvarás a tu marido? ¿O cómo sabes tú, marido, si salvarás a tu mujer? (1 Co. 7:10-16)

Como cristianos, siempre tenemos la meta de buscar la reconciliación, aun cuando el pecado no lo haga fácil o posible al final. Ya hemos visto la importancia de la unidad en la iglesia en los capítulos anteriores, pero ahora tenemos que lidiar con la dura realidad de los conflictos en la iglesia y con las consecuencias que esos conflictos pueden llegar a tener.

¿Cómo habría hablado Bernabé sobre Pablo después de su separación? El texto no nos lo dice. No hay otra historia con Bernabé en el libro de los Hechos. Pero conocemos el carácter de

Bernabé. Sabemos que, aunque en su propia mente probablemente pensaba que estaba en lo correcto y que Pablo estuvo equivocado en rechazar llevar a Marcos, no habría guardado rencor ni amargura hacia Pablo. Probablemente siguió orando por su querido amigo y por su ministerio.

Esto es una gran lección para nosotros. Cuando tenemos una diferencia con alguien de la magnitud del desacuerdo entre Pablo y Bernabé, nuestra inclinación natural es defender nuestro caso a toda costa. Queremos la simpatía y la afirmación de otros para sentirnos validados. Y cuando empezamos a navegar el camino de la autojustificación, el siguiente paso es la tentación de hablar sobre los defectos y aspectos negativos de la otra persona. Inclusive vamos a buscar magnificarlos y exagerarlos para que nosotros nos veamos mejor en comparación.

Stephen Um comenta:

> Todos sabemos cómo poner a alguien en posición de ser juzgado. Cuando alguien no encaja en nuestra narrativa especial de vida, lo examinamos, lo analizamos con precisión quirúrgica. Repasamos una y otra vez cada palabra de los correos que envía. Interpretamos cada línea. Cada mensaje de texto es como una amenaza de bomba. Cada encuentro personal es un evento tenso, incómodo, de sonrisas forzadas. ¿Por qué nos relacionamos con esa persona a través de un filtro? Es porque los hemos puesto en el banco de juicio por no encajar en nuestra propia historia.[9]

Una vez que ha habido un desacuerdo y un conflicto con alguien, la tentación será a defender nuestro caso constantemente, especialmente con los que conocen a la persona con la que tuvimos

9. Um, Stephen T., *1 Corinthians* (Wheaton: Crossway, 2015), 161.

el problema. Pero realmente creo que Bernabé no habló mal de Pablo luego de su separación. Después de todo, Bernabé fue testigo de la manera en que Dios había escogido a Pablo para un ministerio específico y cómo lo había usado con poder para la conversión de tantos gentiles en los viajes misioneros que hicieron juntos.

Las separaciones son dolorosas, pero probablemente las más dolorosas son las separaciones que se dan después de muchos años de colaboración juntos en el ministerio, por diferencias irreconciliables. Hay un amor que nos une, pero también sigue habiendo pecado y terquedad en nuestros corazones que todavía están siendo santificados.

Al estar escribiendo esto, acabo de experimentar esta realidad en mi propia vida. Hace unas semanas tuve una conversación con el presidente de un ministerio con el que colaboré y trabajé por dieciséis años. La conversación me dejó triste y desanimado. A lo largo de los dieciséis años, yo estaba consciente que la denominación detrás de la organización tenía algunas diferencias doctrinales con lo que yo creo. Sin embargo, yo estaba feliz de poder colaborar con ellos sabiendo que estamos de acuerdo en los aspectos fundamentales del evangelio.

Creemos en la salvación por fe en Jesucristo como un regalo de gracia. ¿Qué hay detrás de ese regalo de gracia? ¿Nuestra libre y neutral voluntad? ¿O la elección incondicional y soberana de Dios? ¿Tenemos la capacidad dentro de nosotros mismos de buscar y escoger a Dios? ¿O tiene Dios que hacer una obra sobrenatural de regeneración en nuestros corazones para que podamos ver la verdad del evangelio y creerla? Estas son las diferencias teológicas que llevaron a la organización con la que trabajé por tantos años a tomar la decisión de no relacionarse más conmigo. Yo había tratado de mantener una buena relación, no dejando que esta diferencia en nuestra soteriología fuera un tema que afectara nuestra relación. Pero algunos, no todos, dentro de ese ministerio sentían que esta diferencia era irreconciliable para seguir trabajando juntos en el futuro.

Ahora escribo sobre esta experiencia porque quiero ser honesto sobre la lucha en mi corazón. La tentación dentro de mí es a sentir enojo y amargura porque la persona de la mesa directiva que no estaba de acuerdo con mi teología nunca me lo dijo directamente. Nunca pudimos tener una conversación para tratar de entender cuánto teníamos en común. En la tendencia pecaminosa de mi corazón, quiero que ahora que ya no soy parte ese ministerio, las donaciones empiecen a disminuir y tengan que cerrar por completo. Tengo la tentación a anhelar que mi ministerio siga creciendo solo para que ellos puedan ver que me fue mejor *sin* ellos.

Pero al meditar sobre la división entre Bernabé y Pablo soy confrontado con la realidad de que, a veces, hay divisiones en el ministerio. Pienso en la gracia que Dios me dio al tener el privilegio de trabajar con un ministerio que está lleno de queridos hermanos y hermanas que aman al Señor y le sirven fielmente. A lo mejor no estamos de acuerdo en toda nuestra teología, pero somos parte del cuerpo de Cristo, la iglesia, y pasaremos la eternidad juntos. Lo que pude hacer con ellos en dieciséis años es más de lo que merezco, y debo seguir orando por ellos y amándolos como mis hermanos en Cristo.

Los conflictos son inevitables

La iglesia es un lugar que reúne personas muy diferentes en una sola familia. Esto significa que los trasfondos culturales y familiares, junto con nuestras personalidades y pecados individuales, son una receta para muchos conflictos explosivos.

En su libro *Love the ones who drive you crazy* [Ama a los que te vuelven loco], Jamie Dunlop dice que los conflictos y dificultades entre hermanos no deben ser vistos simplemente como un obstáculo para poder hacer la obra y misión de la iglesia, sino que debemos verlos como parte del diseño intencional de Dios para que la iglesia refleje la misma gloria del Señor.[10] Es decir, no es lo que hacemos lo que importa solamente, sino lo que reflejamos de la belleza de Cristo en nuestra unidad. ¿Qué mejor manera de reflejar la belleza del evangelio en unidad cuando tenemos los retos de trabajar juntos, perdonarnos y amarnos en medio de diferencias y conflictos tan evidentes? Comúnmente vemos los problemas como obstáculos para poder llevar a cabo el ministerio (evangelismo y discipulado), pero la visión bíblica es que los problemas y conflictos son oportunidades para reflejar el poder sobrenatural del evangelio.

Como ya vimos en nuestro estudio del texto, el problema en lo que sucedió entre Pablo y Bernabé no es que hubo un desacuerdo entre ellos. El problema es que no pudieron resolverlo. El hecho de que el problema no se resolvió trajo mucha reflexión y remordimiento para Pablo. Claramente, alguno de los dos estaba equivocado. O Marcos estaba preparado para hacer este viaje con ellos, o no. Bernabé creía que sí estaba preparado y Pablo creía que no lo estaba. Esto significa que uno de los dos fue demasiado duro y poco flexible en su postura.

Como mencioné arriba, yo pienso que ese fue Pablo. Creo que Pablo, con su personalidad y con su celo por ser efectivo en la predicación del evangelio no quiso darle otra oportunidad a Marcos por el riesgo que eso representaba para el viaje. Pero me imagino a Bernabé diciendo durante el argumento: *¿No tomé yo un riesgo contigo cuando los discípulos no querían ni hablarte? ¿No puse yo mi propia reputación en riesgo para defenderte y darte una oportunidad? Tú hiciste algo peor que Marcos. Tú fuiste parte del asesinato de Esteban. Tú perseguiste cristianos y los metiste en la cárcel. Marcos*

---

10. Dunlop, Jamie, *Love the Ones Who Drive You Crazy: Eight Truths for Pursuing Unity in Your Church* (Wheaton: Crossway Publishers, 2023).

solo tuvo temor por las amenazas de nuestro viaje. Era su primera experiencia. No podemos esperar que tuviera toda la madurez desde un principio. Esto de ser misioneros es algo en lo que vas aprendiendo con la experiencia. La inmadurez de Marcos podría ser inconveniente para nosotros porque requiere paciencia. Requiere mostrar gracia. Pero mostrar gracia no es fácil. Dar oportunidades a otros requiere de esfuerzo. ¿No fui a buscarte hasta Tarso para traerte a Antioquía? Lo que hice contigo es lo mismo que quiero hacer con Marcos. Todos aprendemos de nuestros errores. Yo me he equivocado también. Tú me confrontaste cuando con Pedro empecé a juntarme con los judíos y estábamos ignorando a los gentiles. Mi manera de reflejar el evangelio pobremente no significa que ya no puedo servir a Dios. Me he arrepentido y he aprendido de mis errores. Juan Marcos también está arrepentido y también ha aprendido de sus errores. Tenemos que darle una oportunidad. Él es útil para el reino de Dios.

En ese momento Pablo está sintiendo celo por el evangelio y por la obra misionera, así que considera que no puede ceder. ¿Cómo va a arriesgar la misión que Dios le ha dado, al llevar a Marcos? Más adelante Pablo podrá meditar sobre lo que el evangelio tendría que haber reflejado en ese desacuerdo y exhortará con pasión a sus lectores a la unidad, a poner a otros antes que a nosotros mismos, a ser humildes, a no ser piedra de tropiezo usando la libertad que Dios nos ha dado, y afirmará con gozo que Marcos merecía otra oportunidad para mostrar que sí era útil en el ministerio.

El balance bíblico para resolver conflictos

Pero el reto de resolver conflictos es más fácil de predicar que de aplicar. Muchos podemos sentirnos abrumados por algún conflicto en el presente especulando que nuestro caso es único y que es la excepción. Pensamos que nosotros sí tenemos un pretexto bíblico para excusar el ya no buscar la reconciliación y restauración. Podríamos dar una lista de razones por las que está justificado separarnos de alguien como lo hicieron Pablo y Bernabé.

- *Ya he tratado muchas veces y no me escucha.*
- *Tú no sabes lo que me hicieron, eso no se perdona tan fácil.*
- *Honestamente, no quiero restaurar la relación, es mucho mejor que nos separemos.*
- *¿Por qué complicar las cosas? Creo que así estamos mejor.*

La división nunca es la única solución

Aunque a veces hay división como resultado de los conflictos entre nosotros, esa división nunca es la única solución. ¿A qué me refiero? Siempre existe la opción de solucionar ese conflicto. Va a requerir humildad de alguno de los dos lados, pero siempre es posible que podamos resolver un problema por medio de la gracia de Dios.

Ahora, en el plan soberano de Dios siempre existe un propósito bueno en todo lo que sucede. Pero esto no significa que siempre actuamos de acuerdo a Su voluntad moral. Más bien, siempre Dios hace algo bueno *a pesar* de nosotros y de nuestro pecado.

Es verdad que puede ser que la otra persona se rehúse a querer arreglar las cosas, y puede ser que, en realidad, haya un rechazo y una hostilidad que haga imposible el poder avanzar en restaurar la relación, pero si tú eres cristiano, que no sea por ti que no se está dando la restauración (Ro. 12:18). Cada uno de nosotros es responsable delante de Dios por lo que está haciendo en relación a nuestro hermano o hermana. Nosotros tenemos que amar aún a nuestros enemigos, incluso cuando ellos nunca respondan a nuestro amor o nunca cambien su actitud. Entonces va a requerir sabiduría conocer cuál es la mejor manera de amar a alguien que nos ha ofendido o con quien tenemos un conflicto.

¿Evadir o confrontar?

En su libro *The Peacemaker* [El Pacificador], Ken Sande dice[11] que siempre tenemos dos tendencias para tratar con el conflicto. Podemos evadirlo o podemos confrontarlo. Lo que estamos buscando, como pacificadores, es la sabiduría para conocer en qué dirección ir y cómo mantener un balance que no nos lleve a un extremo.

En el extremo de evasión del conflicto está el suicidio y en el extremo de la confrontación está el asesinato. Entre esos dos extremos están todas las posibles actitudes que podríamos tener ante un conflicto. ¿Cómo reaccionamos bíblicamente? Aquí quiero resumir brevemente lo que Ken Sande explica como las reacciones que podemos tener ante el conflicto, que son respuestas que van a propiciar la paz. Las primeras tres respuestas pueden denominarse de «pacificación personal», porque pueden ser realizadas personal y privadamente, solo entre tú y la otra parte. La inmensa mayoría de conflictos de la vida deberían y podrían resolverse de una de estas formas.

Pasar por alto una ofensa

Muchas disputas son tan insignificantes que deben ser resueltas pasando por alto silenciosa y deliberadamente una ofensa. «La discreción del hombre le hace lento para la ira; y su gloria es pasar por alto una ofensa» (Pr. 19:11; ver también Pr. 12:16; 17:14; Col. 3:13; 1 P. 4:8). Pasar por alto una ofensa es una forma de perdón e involucra una decisión deliberada de no hablar de ella, no pensar en ella ni dejar que se transforme en amargura o ira contenidas.

11. Sande, Kenneth, *The Peacemaker: A biblical guide to resolving personal conflict* (Grand Rapids: Baker Books, 2004), 22-23.

Reconciliación

Si una ofensa es demasiado seria como para pasarla por alto o ha dañado la relación, tenemos que resolver los temas personales o relacionales a través de la confesión, la corrección amorosa y el perdón. «Si... tu hermano tiene algo contra ti... ve, reconcíliate primero con tu hermano» (Mt. 5:23-24; ver Pr. 28:13). «Hermanos, aun si alguien es sorprendido en alguna falta, ustedes que son espirituales, restáurenlo en un espíritu de mansedumbre...» (Gá. 6:1; ver Mt. 18:15).

Negociación

Aun cuando resolvamos exitosamente temas vinculados a la relación entre las partes, tal vez necesitemos todavía solucionar cuestiones materiales relacionadas con dinero, propiedad u otros derechos. Esto debería hacerse a través de un proceso de negociación cooperativa en el que ambas partes buscan llegar a un acuerdo que satisfaga las necesidades legítimas de cada lado. «... no buscando cada uno sus propios intereses, sino más bien los intereses de los demás» (Fil. 2:4).

Cuando una disputa no puede ser resuelta a través de una de las respuestas de paz personales, Dios nos llama a usar una de las siguientes tres respuestas de paz denominadas de «pacificación asistida». Estas respuestas exigen la participación de otras personas de su iglesia o comunidad cristiana.

Mediación

Si dos personas no pueden alcanzar un acuerdo en privado, deberían pedir a una o más personas objetivas que se reúnan con ellas para ayudarlas a comunicarse más eficazmente y explorar posibles soluciones. «Pero si [tu hermano] no te escucha, lleva contigo a uno o a dos más» (Mt. 18:16). Estos mediadores podrán hacer preguntas y dar consejos, pero no tienen ninguna autoridad para forzarlos a aceptar una solución específica.

Arbitraje

Cuando una persona cristiana y su oponente no pueden arribar a un acuerdo voluntario sobre un tema material, podrán designar a uno o más árbitros para que escuchen sus argumentos y presenten una solución vinculante para resolver el asunto. En 1 Corintios 6:1-8, Pablo indica que es así como los cristianos deberían solucionar aun los conflictos legales entre sí. «Si tienen conflictos legales acerca de tales asuntos, ¿por qué acuden a jueces que son de afuera y no son respetados por la iglesia?» (1 Co. 6:4, NTV).

Rendición de cuentas

Si una persona que dice ser cristiana rehúsa ser reconciliada y hacer lo correcto, Jesús ordena a los líderes de la iglesia que intervengan formalmente para que la persona rinda cuentas ante la Biblia y para promover el arrepentimiento, la justicia y el perdón: «Y si rehúsa escucharlos, dilo a la iglesia» (Mt. 18:17). La participación directa de la iglesia se ve generalmente en forma negativa entre cristianos hoy, pero cuando se hace como lo indica Jesús —con amor, para rendición de cuentas y para restauración— puede ser la clave para salvar relaciones y producir justicia y paz (El Pacificador, págs. 25-27).

El evangelio soluciona conflictos

Cuando pensamos en la importancia de poder solucionar conflictos que surgen en nuestras vidas, especialmente en el contexto de la iglesia, tenemos que regresar a la misma definición del fundamento de nuestra fe: el evangelio. ¿No es acaso el evangelio una solución a un conflicto? Es la solución al conflicto más grande y severo que cualquier ser humano podría tener. El conflicto con el mismo Dios de este universo, Creador de todas las cosas.

Todos hemos quebrantado la ley moral de Dios. Todos hemos ofendido al ser más valioso y glorioso que existe, lo cual merece separación, juicio y condenación (Ro. 3:10-23). Es lo mismo que sucede en nuestra sociedad con un criminal que ha secuestrado y violado a una mujer. Es una ofensa contra otro ser humano, que en nuestras leyes es considerado valioso. Nuestras leyes estipulan una consecuencia para aquellos que ofenden gravemente a otro ciudadano (su prójimo). Cuando se ha quebrantado la ley, la justicia demanda que haya una consecuencia proporcional a la ofensa. Nosotros quebrantamos la ley de Dios, lo cual significa que estamos en enemistad contra Dios y que merecemos Su juicio perfecto (Ro. 5:10).

Las buenas noticias del evangelio son que Dios quiere la reconciliación. Quiere solucionar el conflicto grave, profundo y eterno que tenemos con Él (Is. 1:18). La manera de mostrar Su amor y Su iniciativa y disposición a la reconciliación se manifestó de una manera concreta y objetiva en la historia por medio de la encarnación de Jesucristo (Ro. 5:8). Jesús era el Hijo de Dios y vivió una vida perfecta —la vida que tú y yo no hemos podido vivir. El cumplió la ley de Dios de una manera que nadie más ha cumplido (Mt. 5:17). Y al final de Su vida murió la muerte que tú y yo merecíamos morir, y Su muerte se convirtió en el medio que, a través de la fe, nos trae paz eterna con Dios, la reconciliación eterna (Ro. 5:1).

Preguntas de reflexión

Discusión del texto

¿Hay evidencias de que Pablo estuvo equivocado en su desacuerdo con Bernabé?

¿Hay evidencias de que Bernabé estuvo equivocado en su desacuerdo con Pablo?

¿Por qué incluyó Lucas los detalles del desacuerdo y qué aprendemos de este evento?

Aplicación personal

¿Quiénes son las personas con las que tengo mayor tendencia a tener conflictos y desacuerdos?

¿Tengo la tendencia a evadir a estas personas o a confrontarlas?

¿Cómo puedo aprovechar la situación con cada persona difícil de la iglesia como una oportunidad para reflejar la gracia de Dios?

¿Qué responsabilidad tuve en el último conflicto con otro cristiano que nos llevó a la separación?

¿Cómo puedo aprovechar mis fallos en esa situación para enseñar y reflejar unidad en el futuro?

Conclusión

Un llamado a ser hijos de consolación

¿Cuánto tiempo de ministerio en la iglesia tomaría para que la gente pudiera estar de acuerdo en que un buen apodo para nosotros sería «hijo o hija de consolación»? Aunque, como cristianos, todos tenemos la responsabilidad de aplicar los principios que hemos desarrollado en este libro, sé que Dios llama a algunos a tener un ministerio especial en esta área, así como lo hizo con Bernabé.

No todos tendremos el rol y ministerio de Bernabé en nuestras iglesias, pero todos podemos aprender de Bernabé y ser influenciados por su ejemplo a consolar a otros de una manera más intencional, en muchas áreas. Sé que en la mayoría de nosotros la inclinación natural no es a ser consoladores y pacificadores. Nuestra tendencia natural es a defender lo que consideramos nuestros derechos y que cualquier ofensa contra nosotros tiene que ser vindicada justamente.

Es mucho más fácil ser críticos de los errores y pecados de otros, y tratarlos con sarcasmo y juicio que ver la obra de santificación de la gracia en sus vidas y ser de ánimo y consuelo para ellos. Es fácil que nuestras vidas se enfoquen completamente en nuestras propias necesidades y problemas y que seamos indiferentes y apáticos hacia las necesidades y problemas de los que nos rodean en la iglesia.

Escribí este libro como un recordatorio a mí mismo del tipo de cristiano que Dios quiere que sea.

Nuestro propósito final no es la consolación

Pero ¿por qué tenemos que ser hijos de consolación? ¿Se trata solo de hacer sentir a otros amados y de sentirnos bien nosotros porque somos mejores personas cuando nos enfocamos más en los demás? Ser hijos de consolación no es un fin en sí mismo.

Ser hijos de consolación es importante porque refleja al único, verdadero y más grande Hijo de Consolación: Jesucristo. Él es nuestro ejemplo como Hijo de Consolación. Él vino para consolar a un pueblo que no tenía esperanza.

Él vio nuestra necesidad más profunda. La necesidad de una justicia que no podíamos alcanzar porque somos débiles y estamos en crisis moral. Nuestro corazón ama las tinieblas y rechaza la luz que expone nuestra condición real. Cuando Cristo se encarnó para vivir y cumplir perfectamente la ley de Dios, **se convirtió en consolador para el necesitado**, al ofrecernos Su justicia, nuestra más grande necesidad.

Lo más sorprendente es que Él amó a los pecadores. Tú y yo no merecemos lo que Dios nos da. Por eso lo que recibimos de Él se llama gracia. Gracia es cuando no recibimos lo que merecemos. No solo somos despreciados por un mundo que ve nuestras fallos, sino que merecemos ser despreciados. El desprecio es merecido y un Dios santo es quien debería despreciarnos más. Pero Él es justamente quien, aunque tiene el mayor derecho de despreciarnos y juzgarnos en nuestro pecado, nos ofrece algo que no merecemos: Su salvación. Jesús vino a buscar a los más despreciados. A pecadores como nosotros. **Él es el perfecto Consolador para el despreciado.**

Su encarnación fue el acto de mayor humildad y condescendencia de toda la historia. Él vino, no para ser servido sino para servir. Vino para hacer posible un pueblo redimido de todas las naciones, que es y será por toda la eternidad, Su esposa, lavada y comprada con el precio de Su propia sangre. Vino para hacer posible la unidad de gente que no tiene nada en común dentro de este mundo, donde rico y pobre, libre y esclavo, hombre y mujer, judío y gentil ahora son un solo pueblo y una sola nación de reyes y sacerdotes que proclaman y reflejan la gloria de su Rey. **Él es Consolador en humildad y para nuestra unidad.**

Por último, el evangelio es reconciliación donde había conflicto. Dios entendía la profunda gravedad de nuestra enemistad con Él y proveyó la única manera de traer paz donde había una enemistad que no podía ser resuelta por esfuerzos humanos. Nuestra condición de criaturas en rebeldía contra su Creador nos ponía en un conflicto sin resolución posible. El sacrificio de Jesús en la cruz se convirtió en la manera perfecta y única que Dios proveyó para que tú y yo pudiéramos tener paz con Él. Esta reconciliación es el mejor y mayor tesoro que podríamos hallar. **La invitación es a tener absoluta dependencia en la obra terminada del Consolador que resuelve el conflicto y trae paz permanente.**

Somos invitados, como hijos de Dios, a ser hijos de consolación, no porque va a mejorar nuestras vidas o porque nos hará sentir bien, principalmente. Ser hijos de consolación no es tarea fácil y podría parecer que no vale la pena el esfuerzo de buscar consolar a otros. Pero se trata de Dios, no de nosotros. Se trata de que en cada circunstancia, especialmente dentro de la iglesia, con nuestros hermanos y nuestras hermanas, pensemos en cómo estamos manifestando lo que hemos recibido de Dios. Lo que reflejamos de Dios es lo que más importa porque esa es la razón de nuestra existencia: la gloria de Dios (Ro. 11:36).

Queremos ser hijos de consolación para otros porque queremos reflejar al Hijo de Consolación a través de nuestras vidas. Queremos que se cumpla el propósito final y más glorioso del cual podemos ser parte: señalar a otros hacia nuestro glorioso Dios de gracia, no solo en esta vida, sino por toda la eternidad.

Coalición por el Evangelio es un grupo de pastores, iglesias, y líderes comprometidos con la centralidad del evangelio para toda la vida y el ministerio. Logramos este propósito mediante diversas iniciativas, incluyendo nuestra página web, eventos, y publicaciones. Además, hemos unido esfuerzos con diferentes casas editoriales para producir recursos que enfocan nuestra fe en Jesucristo, y moldean nuestras prácticas conforme a las Escrituras.

Cuando un libro lleva el logotipo de Coalición por el Evangelio, usted puede confiar que fue escrito, editado, y publicado con el firme propósito de exaltar la verdad de Dios y el mensaje del evangelio.

www.coalicionporelevangelio.org